ESC

DE PROFETAS

Pilares para el discernimiento espiritual

JONATHAN WELTON

Las citas bíblicas fueron tomadas de la Santa Biblia, Nueva Versión Internacional, a menos que se indique lo contrario.

Publicado originalmente en inglés con el título:
School of the Seers
por Destiny Image,
Shippensburg, PA

Welton, Jonathan
Escuela de profetas.

ISBN 13: 978-0-7684-4508-4
Ebook: 978-0-7684-0978-9
1. Espiritualidad.

Reconocimientos

ME GUSTARÍA COMENZAR DÁNDOLE gracias a mi esposa, Karen, la persona más importante en mi vida. Eres la representación más profunda de Jesús que yo haya conocido. Tu caminar de amor, humildad, perdón, amabilidad y fe me desafían a diario. Eres la señal más grande en mi vida de que Dios existe, porque puedo verlo a Él diariamente en tu corazón. Doy gracias al Señor porque eres la pareja perfecta tanto en mis fortalezas como en mis debilidades. La confianza que tienes en mi habilidad para escuchar a Dios me impulsa a buscar un nivel cada vez más profundo en el temor del Señor.

Quiero honrar a mis padres, Jim y Carolyn Welton. Estoy muy agradecido por tener los padres más humildes, afectuosos, amables, tiernos, compasivos y que aman a Dios. Los amo mucho a los dos.

Deseo reconocer a las siguientes personas (sin ningún orden en particular) que me han motivado y me han hecho el hombre que soy hoy: Tay y Ruthie Williams, Mark y Adam Young, mis hermanos, mis cuñados, Ben y Chrystal Valence, mis dos editores Kathy Welch y Sandy Holladay. Toby Wolf, Dan Wampler, Brian Stebick, Andrew Russo, Caleb y Emily Mabry, la familia Erich, Elissa Harvill, Jim y Tom Lake, Dorothy Ross, Jaci Frattare, Josh Amberson, David Gardiner, Sam Richbart, Dave y Holly Kluge, Jeff Babajitis, Joanna Hagan, Stephen Ruskino, Paul Scota, Matt y Julie Stutzman y el equipo de Camp Hickory Hill (1998-2004). Los amo a todos.

Quiero agradecer a los héroes del Cuerpo de Cristo que cito a continuación. Ustedes han sido un formidable ejemplo e influencia en mi vida: Randy Clark, Harold Eberle, Patricia King, Dennis Cramer, Cheryl Schang, Watchman Nee, Kris Vallotton, Bill Johnson, Heidi

Baker, Gary Oates, Davi Silva, Joe McIntyre, Tommy Tenney, John Shoemaker, Bob Sorge, Leif Hetland y Lance Wallnau.

Contenidos

Prólogo

El libro de Jonathan Welton, *Escuela de profetas: guía práctica para ver en el reino invisible*, es un estudio útil para quienes desean crecer en el reino profético y vidente. Creo que Jonathan es uno de los ministros proféticos de la generación que viene. Es un hombre instruido, tiene un gran espíritu basado en amor y gracia, anda en humildad y ha continuado su entrenamiento y avanzado niveles en busca de la excelencia en lo que respecta a su don y su llamado.

No solo escribe acerca de este tema, sino que también es modelo de lo que enseña, ministrando en iglesias y conferencias sobre los dones de los que escribe. Creo que ha aprendido mucho sobre carácter e integridad a través de los sanos modelos que comenzaron en su hogar. Proviene de una familia sólida con relaciones saludables. Ha observado a sus padres moverse de acuerdo a las profecías en su iglesia y su ministerio. Este es un gran fundamento sobre el cual edificar, y también le es útil en su escritura, enseñanza y ministerio profético.

Jonathan es uno de los hombres jóvenes con los cuales he tenido el privilegio de hablar, y lo he observado crecer rápidamente en su búsqueda de Dios y sus propósitos. Estoy entusiasmado por él y por otros ministros proféticos jóvenes que se están levantando en esta generación. Creo que llegarán más alto, indagarán más profundo en La Palabra y experimentarán mucho más a una edad menor a la de muchos de las pasadas generaciones. Creo que hay un grado de enseñanza reveladora en esta generación que provocará que veamos la verdad que hemos perdido en el pasado. Frecuentemente hago eco de lo que mi amigo, el pastor Bill Johnson, dice tan a menudo: "¡Nuestro techo es el piso de la próxima generación!".

Me entusiasma presentar al público el libro: *Escuela de profetas.* Sé que el poder de hacer milagros depende de la revelación del cielo. Cuanto más clara es la revelación, crea más fe, y cuanto más grande es la fe, más poderosos son los milagros o las sanidades. Ver es un concepto y un principio bíblico. El ver por parte del Pueblo de Dios continuó en la historia de la Iglesia. Ver es importante para la Iglesia hoy. Lo que Jonathan ha hecho es escribir un libro que nos ayuda a "ver" lo que está en La Biblia y, a partir de esa verdad, descubrir el derecho que tenemos los creyentes de "ver" el reino invisible.

Evangelista Randy Clark
Global Awakening Ministries
Autor de *¡Aun hay más!*

Prefacio

JONATHAN ES UN MAESTRO dotado y un líder humilde. Como su esposa y mejor amiga, lo respeto enormemente por la unción única que lleva y el corazón compasivo que tiene para ver a cada creyente levantarse hasta completar su destino. Su influencia en mi vida y en la vida de muchos de nuestros amigos nos ha cambiado para siempre. Aún encontramos gente que le agradece por el profundo impacto que ha tenido en su vida sus palabras de aliento y sus enseñanzas hace muchos años. Recuerdo los primeros tiempos, cuando empezó a experimentar el don de "ver". Dejaré que él cuente la historia completa en las páginas que siguen, pero permítame compartir con usted mi perspectiva.

Al principio, comenzó a "ver en el espíritu" cuando ambos asistíamos al grupo de jóvenes carismáticos en edad escolar en el interior de Nueva York. En ese momento éramos amigos muy cercanos y ambos estábamos apasionados por Jesús. Recuerdo que me llevaba aparte del grupo de jóvenes para hablarme sobre estas extrañas experiencias y lo que estaba "viendo". Parecía estar tan aterrado como entusiasmado por lo que le sucedía. Aunque no compartió abiertamente estas experiencias con otros por un largo tiempo, sintió que podía confiar en mí con esta información. Puedo recordar cómo lo escuchaba con asombro y maravillada.

Me contaba cómo veía a extraños caminando por la calle; algunos tenían como una luz o aura a su alrededor, y entonces sabía que estaban llenos del Espíritu Santo. Podía ver una nube oscura sobre otros, y sabía que estaban deprimidos o atormentados por demonios. Para mí lo más fascinante eran los ángeles, ellos usualmente irradiaban luz o fuego. Él podía describir el color y forma de sus vestimentas, la expresión de sus rostros y muchos otros detalles. Ciertos ángeles llevaban varas o espadas, y algunos, pero no todos, tenían alas. Unos ángeles tenían el tamaño de los hombres; otros se erguían a 2,5 o 3 metros de alto o a veces más. Ocasionalmente, veía ángeles que estaban asignados a cristianos específicos.

En el grupo de jóvenes, cuando adorábamos al Señor con abandono, incontable cantidad de ángeles llenaban el salón. Se unían a nosotros en alabanza, cantando y danzando. Algunas veces, cuando la adoración se interrumpía, él podía ver cómo lloraban, porque sabían que la voluntad del hombre había invalidado lo que el Espíritu Santo quería hacer. Describía estas experiencias con gran detalle, como si las viera tan claramente como me veía a mí.

De no haber sabido que Jonathan era emocionalmente estable, un líder respetado y que conocía La Biblia mejor que cualquier otra persona que yo haya visto, naturalmente habría sido más escéptica. En lugar de eso, quería saber todo. Le hacía cantidades interminables de preguntas: "¿Qué ves ahora? ¿Ves algo a mi alrededor? ¿Hay ángeles en esta habitación? ¿Cómo *lucen* los ángeles según tu opinión? ¿Puedes verlos físicamente como me ves a mí, o son transparentes como superpuestos sobre el reino físico? ¿Ves cosas con los ojos de tu mente?". Muchas veces durante la adoración, ya no podía soportar más mi emoción, y me inclinaba hacia él y le susurraba: "¿Qué está sucediendo en el reino espiritual ahora? ¿Ves ángeles? ¿Dónde están?". La mayor parte del tiempo se guardaba esta información para sí mismo, pero si tenía suerte, podía lograr que me lo contara, y con el tiempo se fue sintiendo más cómodo compartiendo con otros.

Mi esposo comenzó un largo viaje estudiando y escribiendo acerca de este don, indagando en Las Escrituras y en cada libro que pudiese conseguir para obtener una revelación más profunda. El producto de su estudio, siete años más tarde, es este libro que hoy tienes en tus manos.

Él es un maestro en todo el sentido de la palabra. Si hay un rasgo que respeto más que nada en los maestros, no es el extenso conocimiento, el carisma en la oratoria o aun la revelación profunda. Aunque todos ellos son buenos, inclino mi oído a aquellos que continuamente rinden sus mentes al Espíritu Santo, teniendo el conocimiento no como un trofeo, sino como una vasija de arcilla que el Señor puede moldear y transformar. El apóstol Pablo dice: "*... sean transformados mediante la renovación de su mente...*" (Romanos 12:2). He visto este proceso modelado con elocuencia en mi esposo. Como todos los buenos maestros, nunca ha dejado de aprender.

Las experiencias que él tuvo abrieron todo un mundo nuevo para mí. Creía en los ángeles y en el reino espiritual con anterioridad, pero sus encuentros hicieron mucho más real lo que había leído en La Biblia. Desde esos primeros tiempos, he aprendido a crecer en mi propio discernimiento, experimentar el reino espiritual y sentir a los ángeles. A veces no puedo evitarlo, pero ¡siento que tengo una injusta ventaja al tener como esposo a un vidente! Por supuesto, como podrás leer en este libro, el verdadero discernimiento va mucho más allá de la habilidad de ver ángeles. Existe un reino de revelaciones y experiencias que Dios ha escondido *para* sus hijos, no *de* ellos. Si eres sincero y estás hambriento, lo encontrarás.

Mi temprana fascinación y curiosidad por el reino espiritual es compartida por muchos otros, tanto en la Iglesia como fuera de ella. La mayor parte de las preguntas con las que yo fastidiaba a Jonathan, son las mismas preguntas que él recibe de la gente cuando escuchan por primera vez sobre su habilidad de "ver en el espíritu". Dios nos creó con un apetito por lo sobrenatural. Una vez escuché decir: "No somos seres físicos que ocasionalmente tenemos una experiencia sobrenatural temporal; somos seres sobrenaturales teniendo experiencias físicas temporales". El reino espiritual está a nuestro alrededor y es más real que el reino físico en el que vivimos y experimentamos cada día. Lo creamos o no, nuestras vidas son afectadas de modo intrincado por el reino espiritual invisible.

Muchas personas han llegado a encontrar el reino invisible por medio de la Nueva Era, la meditación u otras experiencias sobrenaturales. Estos individuos comprenden la realidad y el poder del reino espiritual, pero la Iglesia no lo entiende y a menudo lo condena. La escasa enseñanza bíblica que se da hoy en las iglesias sobre este reino espiritual, provocó que muchos creyentes se hayan alejado de la fe, a veces heridos o confundidos, porque su hambre por lo sobrenatural fue rápidamente reprimida.

Otros cristianos en la Iglesia comenzaron a experimentar fenómenos sobrenaturales como sueños, visiones, visiones abiertas o ver ángeles y demonios, pero carecen de una enseñanza bíblica sólida y se tornan en lo que hemos llamado *videntes huérfanos*. Estos individuos están buscando desesperadamente a alguien que los entrene, los aliente y los libere. Si la Iglesia no adopta a estos *videntes huérfanos*, entonces el movimiento de la Nueva Era lo hará.

Dios está restaurando la unción de "ver" y el don de discernimiento al Cuerpo de Cristo. Jonathan nos muestra cómo cualquier cristiano puede experimentar el reino espiritual de forma segura y bíblica por medio de Jesucristo, quien es la fuente de toda verdad. Si eres un *vidente huérfano* en busca de enseñanza sólida, o un individuo que desea experimentar el reino espiritual por ti mismo, este libro te dará las herramientas que necesitas para activar y afilar tu propio discernimiento.

Sobre todo, es mi oración que puedas encontrar al Señor más allá de todas tus expectativas. De hecho, antes de que comiences el primer capítulo, te desafío a que le pidas al Espíritu Santo que se revele a ti sobrenaturalmente antes de que termines de leer este libro. Estoy convencida de que Dios siempre responderá esta oración porque Él prometió que se acercaría a nosotros cuando nos acercáramos a Él (Santiago 4:8). ¡Que este libro desarrolle un hambre en ti para anhelar la presencia de Dios, descubrir sus secretos y abrir nuevos reinos de posibilidades que nunca soñaste que existían!

En Cristo,
Karen Welton

Introducción

POR MUCHOS AÑOS HE escuchado a los cristianos hablar de ángeles, guerra espiritual, profecía y reino espiritual. Ha habido multitud de libros acerca de cada uno de estos temas, con enseñanzas muy diferentes en cada uno de ellos. Me pregunté muchas veces: ¿Por qué escribir otro libro sobre esto? ¿Cómo puedo hacerlo único?

Soy un ferviente lector de todos los libros que traten la espiritualidad cristiana y lo sobrenatural. Lo que realmente disfruto es encontrar algo fresco, profundo y nuevo. Como uno que está hambriento, que anhela más de Dios, y como un buscador de las profundas verdades en La Palabra, intento escribir un libro que nadie más ha escrito. Mi deseo es traerte revelación fresca y profunda de La Palabra.

Mi objetivo es crear un manual práctico para enseñar a un creyente común a interactuar con el reino invisible. En nuestra vida diaria estamos rodeados por fuerzas y actividades espirituales. Sin embargo existe una falta de entendimiento dentro de la Iglesia acerca de cómo interactuar con esta realidad. Esto es inquietante, considerando que los seguidores de la Nueva Era, fuera de la Iglesia, tienden a estar muy cómodos con el reino invisible y algunas veces entienden las verdades que no le han sido enseñadas a los cristianos comunes.

El fundamento para la enseñanza en este libro es La Palabra de Dios junto con una relación personal con Jesucristo. Es importante recordar que Satanás opera en su reino falsificando el verdadero Reino de Dios. Cuando se hace una falsificación, como la de dinero, el objetivo es hacer parecer lo que es falso, lo más verdadero que sea posible. Una falsificación intenta imitar la verdad, pero nunca será verdad. Aunque algunas enseñanzas de este libro puedan parecer controvertidas, al compararlas con La Palabra de Dios, deberíamos poder discernir la diferencia entre la verdad del Reino de Dios y las mentiras del reino de la oscuridad.

Una falsificación se ve muy similar a lo real. Pero no podemos huir de lo real sólo porque existe una falsificación. Desafortunadamente, eso es lo que muchos cristianos han hecho. Seguramente no tirarás tu dinero sólo porque hay dinero falso en el mundo. Tampoco deberíamos desechar el entendimiento del mundo espiritual ni dejar de operar como seres espirituales nacidos de nuevo solo porque existen falsificaciones en el mundo.

Muchos cristianos consideran que no están equipados adecuadamente para comprender las cosas profundas del Espíritu u operar en lo sobrenatural. Tal vez así haya sido, pero ahora existe un entrenamiento para traer a la Iglesia a la madurez. Este es el verdadero propósito del libro que tienes en tus manos: equipar al Cuerpo de Cristo con la información que necesita para madurar en el camino hacia lo sobrenatural.

La Escritura confirma la idea de entrenar al pueblo en lo sobrenatural. Tomemos, por ejemplo, la siguiente historia del Antiguo Testamento.

En 1 Reyes 19:19-21, Elías, el famoso profeta de Israel, elije un aprendiz llamado Eliseo. Hubo un incremento significativo del poder espiritual cuando Elías se fue a su hogar a estar con el Señor, y Eliseo recibió el doble de la unción que estaba sobre la vida de Elías (ver 2 Reyes 2:12-14). De hecho, Eliseo duplicó exactamente la cantidad de milagros registrados que tenía Elías. Entonces Eliseo tomó para sí un siervo llamado Guiezi (ver 2 Reyes 4:12a).

Mi opinión personal es que si Guiezi hubiese buscado una doble porción de la unción de Eliseo, el Señor también se la habría concedido. Sin embargo, la avaricia de Guiezi lo descalificó para volverse el sucesor de Eliseo (ver 2 Reyes 5:20-27). No solo fue descalificado, ¡sino maldito con lepra! En este punto de la historia, Eliseo buscó otro siervo cuyo nombre nunca fue revelado, de modo que me referiré a él como el siervo "sin nombre".

Cuando el siervo del hombre de Dios se levantó y salió la mañana siguiente, un ejército con caballos y carros había rodeado la ciudad.

> *Entonces su criado le dijo: ¡Ah, señor mío! ¿Qué haremos? El le dijo: No tengas miedo, porque más son los que están con nosotros que los que están con ellos. Y oró Eliseo, y dijo: Te ruego, oh Jehová, que abras sus ojos para que vea. Entonces Jehová abrió los ojos del criado, y miró; y he aquí que el monte estaba lleno de gente de a caballo, y de carros de fuego alrededor de Eliseo.*
>
> —2 Reyes 6:15-17 (RVR60)

(Nota del autor: esta porción de La Escritura es rica en ejemplos, por lo tanto verás que se cita varias veces a lo largo de este libro).

La intención de este libro es poner un fundamento para que el Cuerpo de Cristo experimente lo que el criado "sin nombre" experimentó. Ruego al Señor que abra literalmente tu vista espiritual para que puedas ver en el reino invisible.

Activación

Al final de la mayoría de los capítulos, verás una sección marcada como *Activación*, que es una característica única de este libro. En cada sección de activación sugiero un ejercicio que te ayudará a poner la verdad tratada en ese capítulo en práctica. Son ejercicios básicos que tienen la intención de estirar tus músculos y prepararte para caminar en la unción de ver en el espíritu y el discernimiento de espíritus. Las verdades en este libro son profundas y extensas. Para poder extraer lo más posible de esta obra, te recomiendo que al final de cada capítulo te detengas, marques la página y realices el ejercicio de activación. Recibirás la mejor asimilación de este material escuchas mi consejo. Sobre todo, ¡disfruta y diviértete creciendo!

PARTE UNO

Pilares

Capítulo uno

El manto de fuego y agua

Donde todo empezó

¿CÓMO TE SENTIRÍAS SI un profeta reconocido hiciera que te pongas de pie en medio de una reunión en tu iglesia y profetizara que comenzarás a ver cosas en el espíritu, que tienes un don de discernimiento de espíritus y que Dios te enseñará aun más acerca de ser un "vidente"? Como probablemente le sucedería a muchos de ustedes, estaba entusiasmado, confundido y bastante aterrado. Para dar un poco de claridad, he incluido la profecía exacta que recibí del profeta Dennis Cramer:

> 7 de marzo de 2002
>
> Eres un joven con un tremendo llamado sobre su vida, un llamado muy, muy fuerte... últimamente has tenido algunos indicios de ministerio profético. Y pensaste que tal vez estabas perdiendo la cabeza. Pensabas: "Señor, mi mente no está funcionando. ¿Qué tiene de malo mi mente?". También eres un hombre que comenzará a discernir espíritus aun más de lo que siempre quisiste. De modo que el Señor me pidió que te dijera, Jonathan, que no estás perdiendo la cabeza; simplemente estás empezando a discernir espíritus como nunca antes. Existe un llamado profético importante sobre tu vida, pero, como ya te dije, es especialmente discernimiento de espíritus.

9 de marzo de 2002

Jonathan, tienes un potente margen de vista que ya se está desarrollando en tu vida. Te sientes incómodo porque no sabes qué es lo que estás viendo. Esto te ha causado angustia. Estás al borde de sentirte algo rechazado. Pero el Señor dice que todo lo que Él hace es enseñarte cómo ser un *vidente*. Tu propia y única dimensión y don de ver. El Señor dice que mantengas tu boca cerrada; no hables demasiado sobre lo que ves porque todavía te encuentras en la etapa inicial para comprender esto. Así que, el Señor dice que, en los próximos años, una dimensión visual será bien desarrollada en tu vida.

El don es activado

El día que recibí esta palabra, comencé a ver en el espíritu cosas que estaban a mi alrededor. Nunca antes había tenido este don activo y estaba muy asustado con esta nueva experiencia. Empecé a ver colores en el espíritu, palabras impuestas sobre las cosas físicas frente a mí, partes de cuerpos apareciendo al azar, fuego o agua descendiendo sobre cosas, lugares o personas. En ocasiones podía ver ángeles o demonios. Cuando recién comenzaba a ver estas cosas, estaba sorprendido y también confundido. Tuve que crecer, aprender y llegar a comprender acerca de lo que sucedía. Aún ahora, cuando releo la segunda profecía de Dennis Cramer, veo tanta sabiduría en sus palabras: "El Señor dice que mantengas tu boca cerrada; no hables demasiado sobre lo que ves porque todavía te encuentras en la etapa inicial para comprender esto".

Me sentí realmente desconcertado con el nuevo don, especialmente porque en ese tiempo no tenía a nadie como mentor en esto de ver. En el Cuerpo de Cristo hay muy pocos que están dispuestos a compartir sus experiencias. El Señor tuvo que enseñarme personalmente sobre todas las cosas que Él me mostraba.

Accionar el interruptor

Alrededor de un mes después de que Dennis Cramer profetizara sobre mí, la frecuencia de las visiones comenzó a disminuir y otra vez me sentí confundido. Pensaba: "¿Cometí algún pecado que está dificultando mi habilidad de ver? ¿Hice algo mal? ¿Qué sucede con mi don?".

El Espíritu Santo me mostró que durante el mes anterior me había demostrado de forma voluntaria el potencial de mi don de ver. Ahora el Señor me enseñaría cómo activar mi don. En el espíritu, vi un gran interruptor, bastante parecido a un interruptor típico de luz eléctrica montado en la pared. Sobre él se veían las palabras "Encender" y "Apagar", y entonces en mi espíritu escuché lo que significaba. Durante el primer mes, el Espíritu Santo había colocado mi interruptor en posición de "Encendido" para permitirme ver en el reino espiritual que me rodeaba. Ahora lo estaba poniendo en "Apagado", y las cosas volverían a ser completamente normales. El Espíritu Santo me dijo que me enseñaría a mover el interruptor por mí mismo.

Movemos el interruptor por fe

Con todos los dones del Espíritu Santo tenemos la tarea de activarlos. Algunas veces el Espíritu Santo se moverá por voluntad propia y sanará a alguien, pero la mayor parte del tiempo la fe debe ser activa. Cuando leemos los Evangelios, a menudo vemos que Jesús le dice a la gente que haga algo: que se presente ante un sacerdote, que se lave el lodo de sus ojos, o que tome su lecho y ande. Cada uno de ellos son actos de fe que, cuando son activados, liberan el don de sanidad.

Si el Espíritu Santo me dice que dé una palabra profética, entonces tengo que tomar parte, colaborar con el Espíritu y entregar la palabra. Cuando activas la fe es cuando te has puesto de pie sobre las cosas del Reino de los cielos: sanidad, profecía, milagros, discernimiento de espíritus, y demás. El Señor me llevaba de depender sólo de las experiencias que Él me mostraba, a activar mi fe para poder creer y así hacer que el don de discernimiento de espíritus funcione (ver Juan 5:8; Marcos 2:9; Juan 9:11; Lucas 17:11-19).

Según mi experiencia

Desde mi experiencia personal, puedo decirte que cuando Dios abre por primera vez tus ojos espirituales, como lo hizo conmigo, puede ser muy temible o aun aterrador. Al principio, yo no esperaba ver en el reino espiritual. No me oponía a esas experiencias, simplemente no estaba consciente de ellas.

Miraba a un hermano creyente y veía como un fondo de luz que lo iluminaba por detrás, o miraba a un no creyente y veía oscuridad o una nube de depresión sobre él. Veía grandes presencias demoníacas que rondaban o planeaban sobre algunas edificaciones. También veía ángeles guerreros enormes que levantaban guardia alrededor de ciertos edificios e iglesias. Había veces que podía ver ángeles danzando entre nosotros durante la adoración en la iglesia. Otras veces, la adoración era interrumpida por un predicador que no estaba siguiendo la dirección del Espíritu Santo, y veía expresiones muy tristes en los rostros de los ángeles. Parecía como si estuviesen llorando porque sabían de lo que nos estábamos perdiendo al cortar la adoración. He visto ángeles llevando cosas extrañas, como órganos internos, que ponían dentro de ciertas personas y que esas mismas personas, más tarde, darían testimonio de sanidades. Estas experiencias me resultaron sobrecogedoras, y quiero aclararte que no leí ningún libro que me ayudara o me dirigiera en nada de esto.

Brasil

Seis meses después de que Dennis Cramer profetizara sobre mi vida, y cinco meses después de que Dios comenzara a enseñarme cómo activar mi don, el Señor me llevó al siguiente nivel de entrenamiento.

Tuve la oportunidad de colaborar con el evangelista Randy Clark en Brasil por un mes. Mientras estaba allí, conocí a dos videntes que me dieron mucho aliento con respecto a mi don. El primero era el pastor Gary Oates. Él había viajado con Randy la primavera anterior y había tenido su propio encuentro, en el cual sus ojos espirituales fueron activados.

Su historia y experiencia son similares a la mía, especialmente en que ninguno de nosotros buscaba tener esta habilidad para ver, es algo que Dios quiso darnos. Gary es un excelente ejemplo de un vidente moderno. Dios abrió de modo soberano sus ojos en un encuentro en el que tuvo una experiencia fuera de su cuerpo y el Señor lo llevó al cielo. Él escribió todo esto en su libro *Open My Eyes, Lord* [Abre mis ojos, Señor][1].

La segunda persona que conocí era Davi Silva, uno de los principales líderes de adoración en Brasil. No solamente tiene un extenso entrenamiento en lo concerniente a lo musical, sino también un asombroso testimonio de sanidad. Nacido con síndrome de Down, Davi fue sanado por el Señor a la edad de seis años. Ahora, a los 40, aún tiene las complejidades médicas que tienen los pacientes con este síndrome, pero sin sufrir la enfermedad. Aun más, el Señor lo bendijo con una habilidad muy fuerte para ver en el reino espiritual.

Cuando conocí a Davi, le pedí que pusiera sus manos sobre mí y orara para aumentar mi don. Él estaba apurado porque debía comenzar el servicio de adoración, pero sin embargo se tomó unos minutos para cumplir mi pedido. Después de su oración, se fue para dirigir la adoración. Lo que sigue es lo que me sucedió esa noche durante el servicio de adoración.

Un nivel completamente nuevo

Normalmente no respondo físicamente al Espíritu Santo, no porque no esté dispuesto, sino que no me es usual el experimentar caídas,

1. Gary Oates, *Open My Eyes, Lord* [Abre mis ojos, Señor], Dallas, GA, Open Heaven Publications, 2004.

risas, rodar u otras manifestaciones que tiene la gente en respuesta a Él. Entender esto sobre mi persona te ayudará a comprender cuán poderosa fue la siguiente experiencia para mí.

Cuando comenzó la adoración, vi dos ángeles de pie en la plataforma, no eran parecidos a nada que yo hubiera visto. Se erguían aproximadamente 4,5 metros de altura y de ellos salía una llama de fuego de unos 1,8 metros en cada dirección. Yo estaba parado en la primera fila con Randy, así que estaba más próximo al escenario que el resto de la multitud en ese lugar cuando el ángel que estaba más cerca empezó a caminar hacia mí. Quería darme vuelta y correr, salir de su camino, pero no podía moverme.

Vino directamente hacia mí y extendió su mano. Cuando tocó mi pecho, me derrumbé en el suelo sobre mi costado, en posición fetal. El fuego espiritual de su toque permanecía en mí, causando que formara mi propio charco de sudor en el piso de cemento de la iglesia. En ese momento comencé a ver en el espíritu más claramente que nunca antes.

En la iglesia había alrededor de 6.000 personas divididas en seis secciones de asientos. Sobre cada sección vi otro ángel de fuego como del tamaño de un hombre, y el fuego emanaba de ellos solo a 15 cm. A medida de que la adoración aumentaba, veía más de estos pequeños ángeles bajar a través del cielorraso y unirse a la multitud de adoradores. La adoración llegó a ser tan intensa que en un momento de la misma, mientras los ángeles de fuego continuaban uniéndose a nosotros, la multitud se veía como un campo de hierba ardiente, un fuego extremo de adoración apasionada.

Entonces vi una nube oscura sobre la congregación y había relámpagos que destellaban a través de la nube. Escuché dos palabras en mi espíritu: "nuevo manto". Randy Clark, quien sabía que yo podía ver en el espíritu, se me acercó para preguntarme qué veía, y le compartí todo lo que he escrito aquí. Luego le pedí que me acostara de forma plana sobre mi espalda, porque me encontraba en una mala e incómoda posición. Él lo hizo, y yo todavía no tenía control de ninguna parte de mi cuerpo por debajo del cuello.

Mientras estaba pegado al piso, miré mi cuerpo y vi tres ángeles sobre mí. Había uno en cada una de mis piernas, sosteniéndome con sus manos. Un tercer ángel estaba sentado a mi lado con su mano derecha en mi pecho para mantenerme abajo. Podía ver que los dos ángeles de fuego de 4,5 metros todavía estaban sobre la plataforma observando.

Sentí agua que me salpicaba el pecho, como si alguien hubiese tomado una botella de agua y la estuviese vaciando sobre mí. Miré a mi alrededor pero no pude deducir quién lo había hecho. Sucedió dos veces más algunos minutos más tarde. Se sentía tan real en lo natural que realmente me comenzó a molestar. No comprendí lo que era hasta más adelante.

Finalmente la adoración terminó, y pude lograr volver a mi asiento con algo de ayuda. Más tarde, encontré un intérprete y hablé con Davi. Le pregunté qué había visto esa noche, y me dijo con sus propias palabras exactamente todo lo que yo había visto. Incluso que el gran ángel de fuego que me tocó al principio le había dicho que se bajaría de la plataforma para ministrarme. Davi también vio los tres ángeles poniendo un manto sobre mí. Este tenía llamas de fuego en la parte superior y agua que goteaba del borde inferior, razón por la que yo sentía el agua en mi pecho y había escuchado las palabras "nuevo manto". Me había confundido el hecho de ver una nube oscura en la reunión, pero entonces el Señor me mostró en su Palabra sobre su presencia viniendo en una nube oscura:

> *... la montaña ardía en llamas que llegaban hasta el cielo mismo, entre negros nubarrones y densa oscuridad.*
>
> —Deuteronomio 4:11

> *Hizo de las tinieblas su escondite, de los oscuros y cargados nubarrones un pabellón que lo rodeaba. De su radiante presencia brotaron nubes, granizos y carbones encendidos.*
>
> —Salmos 18:11-12

Oscuros nubarrones lo rodean; la rectitud y la justicia son la base de su trono. El fuego va delante de él y consume a los adversarios que lo rodean. Sus relámpagos iluminan el mundo; al verlos, la tierra se estremece.

SALMOS 97:2-4

Desde estas experiencias en Brasil, he recibido este nuevo manto en mi vida. El Señor ha aumentado mi visión y mi habilidad para entender lo que está sucediendo en el espíritu. A partir de estas experiencias el Señor me ha dirigido en mi llamado para enseñar a otros sobre el reino espiritual.

Activación

El Señor me instruyó acerca de la activación por fe y sobre "accionar mi interruptor". En esta sección de activación, te guío para que prepares tu corazón para que el Señor te enseñe a accionar tu interruptor espiritual. Como un símbolo de la activación de tu fe, te recomiendo que te unjas tú mismo con aceite. Aplica un poco de aceite en tu cuerpo, puede ser en tu frente o en otro lugar. Cuando hagas esto, di esta oración con tus propias palabras:

Señor:
Recibo tu unción. Deseo crecer en mi caminar contigo. Abro mi corazón para que trabajes más en mí y a través de mí. Anhelo llevar a cabo el llamado en mi vida. Te pido que tu unción fluya sobre mí ahora (ver Salmo 133).

Capítulo dos

Sentidos espirituales

DEBIDO A QUE EL don de discernimiento de espíritus es uno de los dones más complicados, permíteme aclarar un poco mi lenguaje en lo que atañe a ver en el espíritu. Ningún creyente tiene el don de "ver en el espíritu" porque no existe tal cosa. El don que realmente actúa cuando alguien dice que ve en el espíritu es el don de discernimiento de espíritus.

El discernimiento de espíritus es un verdadero don del Espíritu Santo, que podemos encontrar en 1 Corintios 12. El énfasis en este libro es ver en el espíritu, que es solo una forma en que funciona el discernimiento de espíritus. Aquellos que pueden ver actúan en un alto nivel de discernimiento de espíritus, normalmente por medio de la vista espiritual. Más adelante hablaré más acerca del rol de los videntes en la Iglesia.

Discernimiento de espíritus

El don de discernimiento de espíritus es un don de comunicación a través del cual el Espíritu Santo nos alerta sobre el ambiente y la atmósfera espiritual que nos rodea. Su forma principal de funcionamiento es por medio de los cinco sentidos espirituales que Dios puso en cada uno de nosotros en la creación. Para entender cómo funcionamos discerniendo espíritus, debemos comprender nuestros sentidos espirituales. La mayoría de las personas solo son conscientes de que tienen cinco sentidos físicos. La verdad es que tenemos tres juegos de cinco sentidos.

La ciencia ha aprendido que el cuerpo físico tiene cinco sentidos que nos permiten interactuar con el ambiente: gusto, tacto, olfato, vista y oído. Además de los cinco sentidos físicos, cada persona tiene cinco sentidos en su alma y cinco sentidos en su espíritu.

> *Que Dios mismo, el Dios de paz, los santifique por completo, y conserve todo su ser —espíritu, alma y cuerpo— irreprochable para la venida de nuestro Señor Jesucristo.*
>
> —1 TESALONICENSES 5:23

Las Escrituras tienen cientos de versículos que muestran claramente que somos un espíritu que tiene un alma y que ocupa un cuerpo. Somos seres tripartitos conformados por espíritu, alma y cuerpo.

Sentidos del alma

La experiencia y la cultura imponen nuestras propias reacciones al gusto, tacto, olfato, oído y vista a través de nuestra alma. Por ejemplo, el *olfato* nos trae recuerdos. Si le regalo flores a un individuo, esto puede traerle buenos recuerdos como el de las flores de una boda, pero si le doy las mismas flores a otra persona, puede traerle malos recuerdos como los de un funeral. Esta no es una reacción física a las flores o a su perfume; es una reacción del alma del individuo.

Si dos personas están caminando juntas y en el camino se cruzan con un perro, a uno de ellos pueden gustarle los perros y comenzará a acariciarlo; sin embargo la segunda persona puede tenerles miedo y se sentirá incómoda. Esta es también una respuesta a los sentidos del alma individual. La forma en la que *vemos* el mundo, o *escuchamos* a otros, es afectada por la condición de nuestra alma. Asimismo, la disposición a *tocar* ciertas cosas, como una serpiente, puede ser simple para algunos y aterradora para otros, dependiendo de la condición del alma. Aun el *gusto* de algunas comidas traerá variedad de respuestas de diferentes personas.

El alma humana tiene sentidos al igual que el cuerpo físico. A cada categoría de los sentidos le corresponde un reino con el cual interactuar. Los sentidos físicos interactúan con el reino físico, los del alma con el reino interpersonal. Y el espíritu tiene sentidos que interactúan con el reino espiritual.

Aunque hay cientos de libros que pueden ayudar al progreso del alma o del cuerpo, este libro se enfoca en desarrollar y utilizar los sentidos espirituales.

Sentidos espirituales

El autor y maestro Harold Eberle ofrece una gran percepción respecto de nuestros sentidos espirituales:

> Así como tenemos cinco sentidos que nos proveen de información del mundo físico, también tenemos sentidos conectados con el mundo espiritual. Los sentidos espirituales son tan importantes como los físicos. Lamentablemente, la mayor parte de nosotros no los hemos desarrollado.
>
> Muchos cristianos ni siquiera creen tener sentidos espirituales. Me gusta preguntarles: "¿Alguna vez el diablo te ha tentado?". Por supuesto, su respuesta es sí. Entonces les digo: "Bueno, ¿cómo escuchaste al diablo? No podrías escucharlo si no tienes oídos espirituales". Es triste, pero mucha gente tiene más fe en que el diablo nos habla que en el hecho de que Dios nos habla. En realidad, La Biblia aclara que todos tenemos ojos y oídos espirituales.
>
> Cuando Eliseo oró por su criado, no le pidió a Dios que le diera ojos, sino que oró para que Dios le abriera los ojos (ver 2 Reyes 6:17). En Efesios 1:18, Pablo no oró para que los santos recibieran ojos, sino para que Dios abriera los ojos de sus corazones. Ya

> tenemos ojos y oídos espirituales. Lo que necesitamos es tenerlos abiertos. Necesitamos volvernos más sensibles.[2]

Es un hecho que tenemos sentidos en nuestro espíritu por medio de los cuales interactuamos con el reino espiritual. Cuando el don de discernimiento de espíritus está en funcionamiento, es a través de estos sentidos espirituales que recibimos comunicación.

En las comunicaciones humanas, los dos sentidos principales que más a menudo utilizamos para relacionar información son el oído y la vista. La comunicación en lo natural es recibida por medio de la escucha, así como por el lenguaje corporal y las expresiones faciales. Dios también se comunica a través de los otros tres sentidos (gusto, tacto y olfato), pero la mayor parte del tiempo Él hablará por medio de la vista y el oído. Debido a que los sentidos espirituales del gusto, olfato y tacto son los menos comprendidos, los siguientes ejemplos muestran cómo, en ocasiones, Dios puede hablarnos a través de estos sentidos.

Gusto

> *Y me dijo: "Hijo de hombre, cómete este rollo escrito, y luego ve a hablarles a los israelitas". Yo abrí la boca y él hizo que me comiera el rollo. Luego me dijo: "Hijo de hombre, cómete el rollo que te estoy dando hasta que te sacies". Y yo me lo comí, y era tan dulce como la miel.*
>
> —EZEQUIEL 3:1-3

Si de repente sentimos el gusto de algo dulce, ácido o salado, pero el gusto no es el resultado de algo que hemos comido o bebido físicamente, deberíamos preguntarle al Señor si intenta hablarnos. En

2. Harold Eberle, *Partnership Newsletter* [Boletín de la asociación], Yakima, WA, *World Cast Ministries*, mayo de 2008.

algunas ocasiones, en el Antiguo Testamento, Dios habló a sus profetas por medio de experiencias con el gusto espiritual.

Olfato

Sin embargo, gracias a Dios que en Cristo siempre nos lleva triunfantes y, por medio de nosotros, esparce por todas partes la fragancia de su conocimiento.

—2 Corintios 2:14

En la primavera de 2005, estaba ayudando a Randy Clark en una de sus mesas de libros en Nashville, Tennessee, cuando un gran ángel apareció en el final de la mesa de libros de Leif y comenzó un movimiento entre la gente. Según mi conocimiento, nadie más podía ver lo que yo veía, sin embargo podían oler el cambio. Veía al ángel sacando frascos de aromas fragantes del cielo, cada uno era muy diferente. Los tomaba de su cinturón y los esparcía por el aire. Había una perfecta esencia de canela; luego, alrededor de dos minutos más tarde, sacaría una esencia fresca. Las esencias eran radicalmente distintas una de la otra: iba de una esencia de canela a flores silvestres, después a una de aceite de bebé, y luego a varias especias. Continuó de esta manera con alrededor de doce aromas, y al cabo de 30 minutos había cerca de treinta personas amontonadas sobre las puntas de sus pies oliendo las fragancias del aire y compartiendo la experiencia.

Tacto

Había entre la gente una mujer que hacía doce años padecía de hemorragias, sin que nadie pudiera sanarla. Ella se le acercó por detrás y le tocó el borde del manto, y al instante cesó su hemorragia. "¿Quién me ha tocado?", preguntó Jesús. Como todos negaban haberlo tocado, Pedro le dijo: "Maestro, son multitudes las que te aprietan y te oprimen". "No, alguien me ha tocado —replicó Jesús—; yo sé que de mí ha salido poder".

—LUCAS 8:43-46

Este es un gran ejemplo de la diferencia entre el tacto físico y el tacto espiritual. Según esta historia, Jesús era oprimido por la multitud, pero cuando alguien lo alcanzó y tomó poder de sanidad de su espíritu, declaró que alguien lo había tocado, hablando espiritualmente, por supuesto.

Mi amigo Benjamin Valence y yo tuvimos juntos una experiencia espiritual hace algunos años. Ben escribió aquí la experiencia tal cual como la recuerda en sus propias palabras (observa cómo los sentidos del tacto y el olfato operaban):

> Lo recuerdo como si hubiera sido ayer, Jonathan y yo estábamos sentados en su cocina hablando de las cosas del espíritu cuando entramos en otro paso de activación. A medida que hablábamos acerca de los ángeles y otras cosas del reino invisible, de repente Jonathan me dijo que había algo sobre la mesa frente a mí (en el espíritu) y que debía extender mis manos para sentir qué era. Para la mayoría, esto puede parecer un poco extraño, pero ambos habíamos estado obrando en el discernimiento de espíritus por bastante tiempo, de modo que no lo dudé. Extendí mis manos y comencé a tocar lo que había allí; pude distinguir algo que parecía un gran cuenco. Se sentía tan real como si estuviese tocando un cuenco en el reino natural. Cuando le decía a Jonathan lo que sentía, él me lo confirmaba viendo en el espíritu lo que yo tocaba. Entonces me preguntó qué mas podía sentir, siempre intentando que indagara un poco más profundo. Cuando sentí el cuenco, Jon me pidió que tocara lo que había dentro, y mientras buscaba dentro de él pude sentir literalmente un líquido caliente en mi mano. Luego de darme cuenta de que podía sentir el calor que emanaba del cuenco cuando introduje mis manos, intenté poner mi cara sobre él. Tan pronto como lo hice, mi rostro comenzó a calentarse y empecé a sudar; fue increíble. Después de un rato de jugar

con el cuenco, Jon me dijo que era aceite, y me pidió que lo levantara y lo volcara sobre mi cabeza. En cuanto tomé el cuenco y comencé a inclinarlo sobre mi cabeza, nos miramos, y como si repitiésemos las palabras del otro dijimos: "¿Oliste eso?". En ese mismo momento ambos pudimos oler la esencia del aceite llenando la habitación. Una gran emoción me invadió cuando levanté el cuenco y comencé a verterlo sobre mí. Podía realmente sentir el aceite corriendo por mi cabeza y el calor proveniente de esa sustancia. Nunca olvidaré esa sensación del aceite rodando por mi cuerpo casi como si consumiese mis sentidos. Sentí la paz, el gozo y el amor del Padre cayendo sobre mí. Nunca olvidaré ese día.

Enfocados en el Señor

Una vez que comencé a compartir lo que podía ver, la gente se mostraba hambrienta por tener experiencias similares y me preguntaban cómo tenían que hacer para empezar a ver. Como Dios me dio este don, que yo no había buscado, por su soberana voluntad, no sabía qué decirles hasta que encontré una clave en Mateo 5:8.

Entendía que la impartición se producía por la imposición de manos; por lo tanto, oraba por cada uno de los interesados impartiendo el don, pero veía que solamente una fracción de ellos lo recibía (me referiré a la impartición mucho más detalladamente en un capítulo más adelante). En los últimos años, el Señor me enseñó algunos principios que han abierto la puerta para que más gente pueda activar su fe para el don de discernimiento de espíritus. El primero que quiero compartir es el principio de Mateo 5:8, que fue el primero que el Señor me permitió discernir: *"Dichosos los de corazón limpio, porque ellos verán a Dios"* (Mateo 5:8).

¿Cuán limpia o pura[3] tiene que ser una persona para ver a Dios?

---

3. *"Dios bendice a los que tienen un corazón **puro**, pues ellos verán a Dios"* (Mateo 5:8, TLA. Énfasis añadido por el autor).

Creo que la respuesta está en hacer la pregunta correcta: ¿Qué quiere decir *pureza*? La vasta mayoría de creyentes toman la palabra *puro* como un modelo moral inalcanzable. Jesús hablaba de pureza como una clave para ver a Dios, y creo que nos dijo eso porque es alcanzable.

Para ilustrar el significado de *puro*, tomemos el oro como ejemplo. Cuando el oro ha sido verdaderamente purificado, refinado, todos los otros elementos le fueron removidos. Este proceso hace que todas las impurezas y la escoria suban a la superficie para que esa capa delgada sea quitada. Al final produce oro de un solo elemento. Nuestros corazones, a veces, están atestados de la escoria de la vida, y tenemos que quitar todas las distracciones para poder enfocarnos por completo en Dios. Para que nosotros podamos tener un corazón "puro", nuestro corazón debe estar concentrado. Si vamos a "ver a Dios", entonces, el único elemento que nuestro corazón debe contener debe ser el enfoque en el Señor.

Cuando nos enfocamos en el Señor, estamos destinados a llegar a la experiencia de ver a Dios. El versículo es más claro si lo leemos de esta manera: "Felices son aquellos que enfocan sus corazones en Dios, porque ellos realmente verán a Dios".

La fe y la silla vacía

La siguiente historia es una de mis favoritas. Es una gran ilustración de lo que significa enfocar tu corazón en Jesús usando los ojos de tu imaginación.

La hija de un hombre le pidió al ministro local que fuese a orar con su padre. Cuando el ministro llegó, encontró al hombre en cama con su cabeza apoyada sobre dos almohadas. Una silla vacía estaba dispuesta al lado de su cama. El ministro supuso que el hombre había sido informado de su visita inminente:

—Creo que me estaba esperando –dijo.

—No, ¿quién es usted? –preguntó el padre.

—Soy el nuevo ministro en su iglesia —respondió—. Cuando vi la silla vacía, pensé que usted sabía que me presentaría.

—Ah, sí, la silla —dijo el hombre que estaba postrado en cama—. ¿Le importaría cerrar la puerta?

Perplejo, el ministro cerró la puerta.

—Nunca le dije esto a nadie, ni siquiera a mi hija —añadió el hombre—. Pero durante toda mi vida no supe cómo orar. En la iglesia solía escuchar al predicador hablar sobre la oración, pero pasaba de largo por encima de mi cabeza.

El hombre continuó:

—Abandoné todo intento de orar, hasta que un día, hace aproximadamente cuatro años, mi mejor amigo me dijo: "Joe, la oración es una cuestión tan simple como tener una conversación con Jesús. Esto es lo que te sugiero. Siéntate en una silla; ubica una silla vacía frente a ti y, en fe, ve a Jesús en la silla. No es algo inquietante, porque Él prometió: 'Estaré con ustedes siempre'[4]. Entonces, sólo habla con Él y escucha de la misma manera en que lo haces conmigo ahora". Así que lo probé, y me gustó tanto que lo hago un par de horas cada día. Sin embargo tengo cuidado. Si mi hija me viera hablando con una silla vacía tendría un ataque de nervios o me enviaría a un manicomio.

El ministro se conmovió profundamente con la historia e incentivó al hombre a continuar en ese camino. Luego oró con él y volvió a la iglesia. Dos noches más tarde, la hija llamó al ministro para decirle que su papá había muerto esa tarde.

—¿Murió en paz? —le preguntó él.

—Sí, me iba de la casa, alrededor de las 14:00, cuando me llamó para que fuese junto a su cama, me dijo que me amaba y me besó en la mejilla. Al volver, una hora más tarde, lo encontré muerto. Pero hay algo extraño sobre su muerte. Aparentemente, justo antes de que papá muriera, él se inclinó y descansó su cabeza sobre la silla junto a la cama. ¿Qué cree que haya sido?

El ministro limpió una lágrima de sus ojos y dijo:

---

4. Mateo 28:20b.

—Desearía que todos nosotros nos fuésemos de esa manera.

Activación I

Para el primer ejercicio vamos a hablar con Jesús como lo hizo el hombre de la historia. Primero, marca la página de tu libro y déjalo aparte, luego cierra los ojos e imagina a Jesús en tu mente.

Ahora entabla una conversación con Él. Si no se te ocurre nada para decir, siempre puedes comenzar dándole gracias por las cosas que ha hecho en tu vida. Por ejemplo, la salvación, sanidad física, libertad emocional, bautismo del Espíritu Santo, bendiciones económicas, reconciliación con otros, favor divino, liberación, frutos y dones del Espíritu. No olvides escuchar también al Señor hablándote.

Activación II

Para la segunda activación, haz una oración simple consagrando tus sentidos al Señor.

> *No ofrezcan los miembros de su cuerpo al pecado como instrumentos de injusticia; al contrario, ofrézcanse más bien a Dios como quienes han vuelto de la muerte a la vida, presentando los miembros de su cuerpo como instrumentos de justicia.*
>
> —Romanos 6:13

Haz esta oración de ofrenda con tus propias palabras:

> *Señor:*
> *Te ofrezco todas las partes de mi cuerpo incluyendo mis sentidos espirituales. Mi habilidad espiritual para ver, oír, gustar, oler y tocar te las entrego solo a ti. Te ofrezco mi ser como un instrumento de justicia.*

Capítulo tres

Impartición

PARA ENTENDER LA IMPARTICIÓN, tienes que comprender la unción, que en La Biblia quiere decir "untar". En La Escritura, el aceite es símbolo del Espíritu Santo. Cuando un profeta o sacerdote vertía, frotaba o untaba aceite en la cabeza de alguien, se representaba la unción de esa persona. Esto realmente le daba a esa persona una medida del aceite que le pertenecía al profeta o sacerdote. Nos referimos comúnmente a esto como *transferencia de unción.*

En el Antiguo Testamento, el aceite era usado para indicar el paso de la unción. En el Nuevo Testamento encontramos que la unción del Espíritu Santo puede ser pasada a través de la imposición de manos, porque la unción permanece en nosotros: *"En cuanto a ustedes, la unción que de él recibieron permanece en ustedes..."* (1 Juan 2:27a).

La impartición es fundamental

El apóstol Pablo nombró la imposición de manos como una de las seis doctrinas básicas fundamentales que un cristiano debería entender. Esto la sitúa en la propia fundación de nuestra creencia cristiana. En muchos círculos de la Iglesia moderna, la impartición es ignorada, si no directamente negada; en el primer siglo, era considerada una verdad fundamental: *"Por eso, dejando a un lado las enseñanzas elementales acerca de Cristo, avancemos hacia la madurez. No volvamos a poner los fundamentos, tales como (...), la imposición de manos,..."* (Hebreos 6:1-2).

Pablo pensó también en la impartición como parte del proceso para ser establecido. Impartió dones espirituales a los creyentes romanos para darles un mejor fundamento: *"Tengo muchos deseos de verlos para impartirles algún don espiritual que los fortalezca"* (Romanos 1:11).

La impartición es intencional

En el Antiguo Testamento, la unción era un acontecimiento con mucho sentido, muy fuerte. La impartición se produce no solo por el hecho de tocar, sino porque la persona pone sus manos sobre ti siguiendo la dirección del Espíritu Santo con un objetivo en mente. La impartición ocurre intencionalmente.

Decir que la impartición sucede cada vez que se produce un toque sería similar a afirmar que, si un profeta del Antiguo Testamento tuvo un frasco de aceite agujereado, entonces todo aquello sobre lo cual cayó el aceite al gotear fue ungido para ser rey. Si se tratara solo de tocar, entonces cada vez que le das la mano a alguien tendrías algo de esa persona untado sobre ti. Esto no es bíblico, y no estamos promoviendo tal superstición. Damos intencionalmente aquello que tenemos siguiendo la dirección del Espíritu Santo: *"... lo que tengo te doy..."* (Hechos 3:6).

La impartición es bíblica

Existen muchos otros ejemplos en toda La Biblia de individuos o grupos de personas que recibieron una impartición del Señor por medio de otra persona. Veamos algunos de ellos.

> **Josué y Moisés:** *Entonces Josué hijo de Nun fue lleno de espíritu de sabiduría, porque Moisés puso sus manos sobre él. Los israelitas, por su parte, obedecieron a Josué e hicieron lo que el Señor le había ordenado a Moisés.*
>
> —Deuteronomio 34:9

Moisés y los ancianos: *Moisés fue y le comunicó al pueblo lo que el SEÑOR le había dicho. Después juntó a setenta ancianos del pueblo, y se quedó esperando con ellos alrededor de la Tienda de reunión. El SEÑOR descendió en la nube y habló con Moisés, y compartió con los setenta ancianos el Espíritu que estaba sobre él. Cuando el Espíritu descansó sobre ellos, se pusieron a profetizar...*

—NÚMEROS 11:24-25

Elías y Eliseo: *"Al cruzar, Elías le preguntó a Eliseo: '¿Qué quieres que haga por ti antes de que me separen de tu lado?'. 'Te pido que sea yo el heredero de tu espíritu por partida doble', respondió Eliseo"* (2 Reyes 2:9).

Pedro: *"'No tengo plata ni oro', declaró Pedro, 'pero lo que tengo te doy. En el nombre de Jesucristo de Nazaret, ¡levántate y anda!'"* (Hechos 3:6).

Pablo y Timoteo: *"Ejercita el don que recibiste mediante profecía, cuando los ancianos te impusieron las manos"* (1 Timoteo 4:14).

Timoteo fue profundamente impactado por la impartición. Como resultado de ella, recibió un don espiritual específicamente por medio de la imposición de manos y la profecía de un presbiterio profético de ancianos: *"Por eso te recomiendo que avives la llama del don de Dios que recibiste cuando te impuse las manos"* (2 Timoteo 1:6).

La impartición es individual

Cuando se imponen las manos, ¿todos reciben el mismo nivel de impartición? Algunos han pensado que si un famoso líder cristiano impone sus manos sobre un individuo, entonces el receptor obtendrá una impartición que instantáneamente le dará una porción igual de la unción.

Es la misericordia de Dios la que nos protege de recibir más de lo que podemos manejar. Como dice el pastor Bill Johnson, de Ridding,

California: "La revelación siempre viene acompañada de responsabilidades, y el hambre es aquello que prepara nuestros corazones para cargar con el peso de esa responsabilidad"[5]. Nuestro carácter debe estar dispuesto para mantener la cantidad de poder que llevamos, de otra manera somos un peligro para los que nos rodean. De modo que la respuesta es no, no todos reciben el mismo nivel de unción en la impartición. Dios sabe lo que necesitas y lo que puedes manejar.

La impartición es una semilla, no una planta ya crecida

La parábola del sembrador (ver Lucas 8:4-15) nos enseña cómo el granjero esparce las semillas para salvación, y también nos enseña un principio sobre cómo recibimos de Dios. Nuestro corazón es el suelo, y Dios el Padre es el granjero que esparce las semillas, que es La Palabra de Dios (o, para nuestra analogía, la impartición). Él las echa en el suelo de nuestro corazón. Luego, las aves, que son los ataques demoníacos, vienen a matar, robar y destruir.

Es aquí cuando la variación en la impartición puede ocurrir. La diferencia en la forma de crecer de cada semilla depende del suelo en el que es plantada y en cuán preparado y listo esté ese suelo para darle crecimiento. Después de que la semilla es plantada, puede crecer muy velozmente si se le da agua apropiadamente (tiempo en la presencia del Espíritu Santo, ver Juan 7:38-39) y luz del sol (Jesús es la luz que necesita la semilla para crecer, ver 2 Corintios 4:4).

Según mi experiencia, los que tienen algunas de las imparticiones más poderosas se encuentran entre los siguientes: los que están hambrientos por más de Dios, los pastores que están cansados y agotados, y aquellas personas cuyos ministerios están desesperados por un adelanto. Estos son individuos que tienen el suelo ansioso por semillas, y

---

5. Bill Johnson, *Dreaming With God* [Soñando con Dios], Shippensburg, PA, Destiny Image, 2006, pág. 60.

casi tan pronto como la semilla toca ese suelo, algo brota. El terreno ya está preparado con agua y luz solar, pero se necesita la impartición para activar y comenzar a producir. Por el contrario, hay otros que no tienen hambre de Dios, que no pasan tiempo con el Espíritu Santo y que no caminan en la luz de Cristo, dejando sus corazones tan duros como el suelo pedregoso. Generalmente, Dios tiene que arar esta tierra antes de que alguna semilla pueda crecer allí.

Otro factor en la agricultura es la presión de la tierra contra la semilla, que es necesaria para que la cáscara se agriete y se abra, y así la semilla pueda comenzar a crecer. En las tumbas de los faraones se encontraron semillas que nunca brotaron, debido a que no fueron plantadas en la tierra. Algunas de ellas, que tienen más de 4.000 años de antigüedad, han sido plantadas en la tierra desde entonces y han brotado y producido fruto. Es por eso que las semillas de salvación pueden ser arrojadas en la tierra de los corazones de la gente día tras día sin resultados, pero cuando los problemas de la vida le dan la presión necesaria, la cáscara se abre y brota.

Esta presión llega a la discusión de la impartición porque no solo las personas hambrientas espiritualmente obtienen una impartición poderosa. A menudo se trata de alguien que está a punto de perder su ministerio, o alguien que está por rendirse ante una dificultad. Una persona bajo una tremenda presión en su vida puede ser la que esté más preparada para que la semilla de la impartición sea plantada en su corazón.

Sólo puedes impartir aquello que posees

Es de crucial importancia que entendamos el siguiente punto: sólo puedes impartir aquello que posees. Si lo tienes, puedes impartirlo. Si no lo tienes, no pongas tus manos sobre otro y declares impartición. Si solamente tienes aceite de oliva para unción, no puedes declarar e impartir aceite de cedro a alguien más. Sí, puedes orar para que Dios le de la unción a alguien. Pero no declares que impartes lo que no tienes en tu propia vida. No puedes impartir poder de resurrección a otro si nunca has resucitado un muerto, pero puedes declararlo y profetizarlo sobre alguien si el Señor te indica que lo hagas.

La "doble porción", relacionada con la impartición, es una frase comúnmente escuchada en algunos círculos de la Iglesia. Para comprender la doble porción correctamente, consideremos el siguiente escenario. Si un profeta del Antiguo Testamento es enviado a ungir a un rey y el profeta tiene para la unción 300 cm^3 de aceite en su frasco, solamente puede darle al rey 300 cm^3. Si el rey le pide que le de una doble porción de toda la unción que tiene el profeta, esto significa que no quiere 300 cm^3, sino 600 cm^3. Él no puede darle 600 porque solamente tiene 300. Eso es el doble de toda la unción que el profeta tiene. Esto es lo que hizo Eliseo cuando le pidió a Elías una doble porción de su unción. Elías respondió diciendo: *"Has pedido algo difícil"* (2 Reyes 2:10a). Entonces, como un individuo no es capaz de dar una doble porción a otra persona, Elías le dio la responsabilidad a Dios al decir: *"si logras verme cuando me separen de tu lado, te será concedido; de lo contrario, no"* (2 Reyes 2:10b). Esta es una comprensión adecuada del concepto de la doble porción a la que se refiere Eliseo. Fíjate que ni siquiera el profeta Elías tenía la capacidad de dar libremente la doble porción; en esencia, él respondió que Dios tendría que darla. Queda demostrado sabiamente que debemos usar este término con un poco más de cuidado.

En 1 Timoteo surge otra cuestión importante con respecto a la práctica de la impartición: *"No te apresures a imponerle las manos a nadie, no sea que te hagas cómplice de pecados ajenos. Consérvate puro"* (1 Timoteo 5:22). Si es sacado de su contexto original, el versículo puede parecer muy contradictorio a todo lo que he presentado en este capítulo. Una gran parte de 1 Timoteo fue escrita para indicar cómo establecer el liderazgo de la Iglesia en los puestos de autoridad. Todo el capítulo 3 presenta calificaciones detalladas acerca de qué tipo de persona debe ser puesta en el liderazgo. En algunos versículos previos, Pablo escribe:

Los ancianos que dirigen bien los asuntos de la iglesia son dignos de doble honor, especialmente los que dedican sus esfuerzos a la predicación y a la enseñanza. Pues la Escritura dice: "No le pongas bozal al buey mientras esté trillando", y "El trabajador merece que se le pague su salario". No admitas ninguna acusación contra un anciano, a no ser que esté respaldada por dos o tres testigos. A los que pecan, repréndelos en público para que sirva de escarmiento.

—1 TIMOTEO 5:17-20

En 1 Timoteo, Pablo se refiere a la imposición de manos para designar al liderazgo en posiciones de autoridad. Esto no tiene nada que ver con el concepto de impartición. No tendría sentido que Pablo escribiese en Hebreos 6 y en Romanos 1 que deseaba poner sus manos sobre los nuevos cristianos para que *"los fortalezca"* (Romanos 1:11), y luego advertir en 1 Timoteo que puedes compartir los pecados de otros al poner tus manos sobre ellos. Si él se está refiriendo al mismo tipo de imposición de manos en ambos pasajes, entonces, ¿diría *"consérvate puro"* (1 Timoteo 5:22) evitando poner tus manos sobre personas que aun no han sido "fortalecidas" (Romanos 1:11)? Existen dos tipos diferentes de imposición de manos: una es para establecer a los líderes en lugares de autoridad, y la segunda para impartir y transferir la unción. Hay calificaciones y restricciones para el primer tipo, pero el segundo tipo en realidad te propulsa hacia la calificación. La transferencia de unción a través de la imposición de manos para la impartición es para cada uno y para todos los cristianos, no es retenida; en verdad, existe para ayudarte a crecer.

Activación

Hay muchos versículos en La Escritura que validan el hecho de que la impartición puede ocurrir por medio del contacto con objetos físicos (ver Mateo 9:20; 14:35-37; Hechos 19:11-12). El ejercicio para este capítulo será una oración para recibir la impartición. Pon una mano en este libro mientras pones la otra mano sobre ti mismo. Haz esta oración en tus propias palabras y estimula tu fe:

> *Yo recibo ahora mismo una impartición del Espíritu Santo para mi crecimiento en el discernimiento de espíritus. Recibo unción para que mis ojos puedan ver (ver Apocalipsis 3:18), recibo una impartición para que los ojos de mi entendimiento sean iluminados (ver Efesios 1:17-18) y recibo una impartición para tener una visión mayor en el reino espiritual.*

Capítulo cuatro

Todos podemos ver

Puedes aprender

MUCHA GENTE NO COMPRENDE que los dones espirituales se pueden enseñar. El apóstol Pablo dijo que no quería que fuéramos ignorantes en lo espiritual (ver 1 Corintios 12:1), ¿qué mejor que la enseñanza para corregir la ignorancia?

Algunos dicen que solamente se refería a la enseñanza acerca de los dones en un sentido general, y no a activar los dones en una clase. Si Pablo estuviese en contra de la idea de las activaciones para que todos aprendan, entonces ¿por qué diría: *"Porque podéis profetizar todos uno por uno, para que todos aprendan, y todos sean exhortados"* (1 Corintios 14:31, RVR60)?

Los dones pueden ser enseñados, aprendidos y activados. Pablo también sienta un precedente cuando alienta a su hijo espiritual, Timoteo, a activar sus dones: *"Por eso te recomiendo que avives la llama del don de Dios que recibiste cuando te impuse las manos"* (2 Timoteo 1:6). Creo que esta carga es aplicable también para nosotros; debemos activar nuestros dones, no meramente esperar y tener esperanza en que el Espíritu Santo provoque la activación de nuestro don: *"El alimento sólido es para los adultos, para los que tienen la capacidad de distinguir entre lo bueno y lo malo, pues han ejercitado su facultad de percepción espiritual"* (Hebreos 5:14).

¿Cuántos dones tengo?

A muchos les han enseñado que solo tienen acceso a uno (posiblemente a más, pero no a todos) de los dones del Espíritu Santo. Esta enseñanza ha limitado su obra en la Iglesia porque el creyente no saldrá en fe a utilizar determinado don porque es probable que no sea "su don". Hasta que no salimos, no encontramos nuestros dones, y Satanás habrá inmovilizado su uso.

Hay dos versículos importantes que han sido mal interpretados y erróneamente aplicados, y esto ha causado la mayor parte de la confusión que rodea a los dones espirituales. Estos versículos parecen decir que como individuos tenemos un acceso limitado a los dones que le han sido dados a la Iglesia:

> *A cada uno se le da una manifestación especial del Espíritu para el bien de los demás (...). Todo esto lo hace un mismo y único Espíritu, quien reparte a cada uno según él lo determina.*
>
> —1 CORINTIOS 12:7,11

> *Cada uno según el don que ha recibido, minístrelo a los otros, como buenos administradores de la multiforme gracia de Dios.*
>
> —1 PEDRO 4:10, RVR60

Existe una enseñanza que lo amplía en 1 Pedro 4:10, declarando que a cada cristiano se le ha dado sólo un don (posiblemente dos o tres, pero no más), y este don queda permanente en el individuo y puede ser usado en cualquier momento. 1 Corintios 12:11 también parece estar de acuerdo con este concepto. Yo estoy de acuerdo con esta enseñanza, pero solamente cuando es balanceada por una idea aparentemente contradictoria.

El nivel de fe para obrar

Aunque 1 Corintios 12 nos da una lista de nueve dones espirituales y dice que el Espíritu Santo los distribuye individualmente a cada uno como Él quiere, encontramos lo que parece ser una contradicción. También dice de los dones que *"... es un mismo Dios el que hace todas las cosas en todos"* (1 Corintios 12:6). ¿Cómo puede el Espíritu Santo darte un don, únicamente tuyo, si también le da ese mismo don a todos?

Otra aparente contradicción es la profecía. Aparece en nuestra lista de nueve dones especiales dados a los individuos, sin embargo leemos: *"Así todos pueden profetizar..."* (1 Corintios 14:31).

¿Y qué sucede con el don de sanidad? ¿Es un don que solo algunos tienen o todos deberíamos poner nuestras manos sobre los enfermos y ver sanidad? Como dice en Marcos 16:17-18: *"Estas señales acompañarán a los que crean: (...) pondrán las manos sobre los enfermos, y éstos recobrarán la salud"*. Si no tengo disponible el don de sanidad en mí, ¿cómo podría ser responsable de orar por los enfermos? No obstante estoy comisionado a sanar a los enfermos en Mateo 10:8: *"Sanen a los enfermos, resuciten a los muertos, limpien de su enfermedad a los que tienen lepra, expulsen a los demonios. Lo que ustedes recibieron gratis, denlo gratuitamente"*. ¿Cómo puede Dios ser "justo" si me manda a hacer algo para lo cual no me ha equipado?

Por último, ¿qué hay sobre el discernimiento de espíritus? Hebreos 5:14 dice: *"... el alimento sólido es para los adultos, para los que tienen la capacidad de distinguir entre lo bueno y lo malo, **pues han ejercitado su facultad de percepción espiritual**"* (énfasis añadido por el autor). Pero si solamente algunos cristianos han sido dotados del don de discernimiento de espíritus, entonces ¿cómo puede Dios pedirnos a todos que discernamos el bien del mal?

Tres diferentes niveles en los dones

La pieza faltante aquí es que existen tres niveles diferentes de dones espirituales. Tomemos la profecía, por ejemplo: en el nivel más alto tenemos la función del profeta mencionada en Efesios 4:11-13; en el nivel medio se encuentra el don de profecía fundado en 1 Corintios 12:10; y el nivel inferior es el nivel de la fe, cuando Pablo dice: "... *todos pueden profetizar...*" (1 Corintios 14:31). La progresión obra como un triángulo, algunas personas tendrán el don real de profecía; finalmente, habrá unos pocos en la parte superior del triángulo que tendrán el llamado de un profeta. El hecho de que puedas profetizar no significa que tienes el don de profecía, y tener el don de profecía no quiere decir que tienes la función y el llamado de un profeta.

Tomemos el triángulo de tres niveles y apliquemos discernimiento. En lo alto del triángulo encontramos la función del vidente; en el medio se encuentra el don de discernimiento de espíritus; y debajo tenemos el nivel de fe del que se hace mención en Hebreos 5:14: "... *es para los adultos, para los que tienen la capacidad de distinguir entre lo bueno y lo malo, pues han ejercitado su facultad de percepción espiritual*". Del mismo modo que con la profecía, el solo hecho de que puedas discernir no significa que tienes el don de discernimiento de espíritus, y aunque puedas ver en el espíritu y tengas el don de discernimiento de espíritus, esto no quiere decir que tienes la función y el llamado de un vidente. Muchos han operado en dos de los niveles inferiores y se han declarado a sí mismos como profetas y vidente en el Cuerpo de Cristo, y esto ha traído mucha guerra espiritual innecesaria contra ellos. Declarar que eres un profeta o un vidente es peligroso espiritualmente, a menos que verdaderamente lo seas. Una manera segura de saber si eres un profeta o un vidente es mirar el único pasaje en el Nuevo Testamento que nos da una descripción de la función de un verdadero profeta: "*Él mismo constituyó a unos, apóstoles; a otros, profetas; a otros, evangelistas; y a otros, pastores y maestros, a fin de capacitar al pueblo de Dios para la obra de servicio, para edificar el cuerpo de Cristo*" (Efesios 4:11-12). El profeta del Nuevo

Testamento es quien se supone que equipe a otros para la obra del ministerio; si no estás equipando a otros en la profecía, entonces, probablemente no seas un profeta.

"¿Es que tienen ojos, pero no ven...?" (Marcos 8:18)

Muchos versículos en La Biblia indican que todos los cristianos pueden y deben tener sus ojos y oídos espirituales abiertos y en funcionamiento. A menudo pasamos de largo claras referencias a la vista espiritual porque nos han dicho que ver en el espíritu no es nuestro don. Aquí hay una descripción rápida de siete secciones de La Escritura que hablan de cómo cada creyente debería tener en funcionamiento sus ojos espirituales.

1. Hebreos 5:12-14: *En realidad, a estas alturas ya deberían ser maestros, y sin embargo necesitan que alguien vuelva a enseñarles las verdades más elementales de la palabra de Dios. Dicho de otro modo, necesitan leche en vez de alimento sólido. El que solo se alimenta de leche es inexperto en el mensaje de justicia; es como un niño de pecho. En cambio, el alimento sólido es para los adultos, para los que tienen la capacidad de distinguir entre lo bueno y lo malo, pues han ejercitado su facultad de percepción espiritual.*

Esto muestra que, una señal que tienen todos los cristianos maduros, es que se encuentren activos y en uso del discernimiento. No está disponible solamente para nosotros, sino que también es un signo de madurez. Es tiempo de crecer y comenzar a utilizar nuestro discernimiento.

2. Efesios 1:15-18: *Por eso yo, por mi parte, desde que me enteré de la fe que tienen en el Señor Jesús y del amor que demuestran por todos los santos, no he dejado de dar gracias por ustedes al recordarlos en mis oraciones. Pido que el Dios de nuestro Señor Jesucristo, el Padre*

glorioso, les dé el Espíritu de sabiduría y de revelación, para que lo conozcan mejor. Pido también que les sean iluminados los ojos del corazón para que sepan a qué esperanza él los ha llamado, cuál es la riqueza de su gloriosa herencia entre los santos.

Si Pablo creía que ciertos cristianos podían ver en el espíritu, entonces ¿por qué perdería su tiempo orando para que a todos los creyentes de Éfeso se les iluminen los ojos del entendimiento? Obviamente, Pablo creía que todos ellos podrían tener abiertos sus ojos espirituales.

3. 2 Reyes 6:15-17 (RVR60): *Y se levantó de mañana y salió el que servía al varón de Dios, y he aquí el ejército que tenía sitiada la ciudad, con gente de a caballo y carros. Entonces su criado le dijo: ¡Ah, señor mío! ¿Qué haremos? El le dijo: No tengas miedo, porque más son los que están con nosotros que los que están con ellos. Y oró Eliseo, y dijo: Te ruego, oh Jehová, que abras sus ojos para que vea. Entonces Jehová abrió los ojos del criado, y miró; y he aquí que el monte estaba lleno de gente de a caballo, y de carros de fuego alrededor de Eliseo.*

Eliseo no oró: "Si es el don de mi criado, abre sus ojos". No, Eliseo sabía que Dios quería abrir los ojos de su criado, del mismo modo que desea abrir los ojos de todos sus siervos. No hay duda de que Dios nos ha dado a todos ojos espirituales que funcionaban perfectamente antes de la caída de Adán, ¿por qué no funcionarían en cada creyente nacido de nuevo?

4. Apocalipsis 3:17-18: *Dices: "Soy rico; me he enriquecido y no me hace falta nada"; pero no te das cuenta de que el infeliz y miserable, el pobre, ciego y desnudo eres tú. Por eso te aconsejo que de mí compres oro refinado por el fuego, para que te hagas rico; ropas blancas para que te vistas y cubras tu vergonzosa desnudez; y colirio para que te lo pongas en los ojos y recobres la vista.*

Espiritualmente, somos pobres y estamos desnudos, y Dios anhela vestirnos espiritualmente y darnos riquezas espirituales. Pero la tercera parte del versículo todavía provoca ofensas en algunos, dice que estamos ciegos y que Dios quiere untar nuestros ojos con colirio para que podamos ver. Estamos ciegos y Dios nos ha provisto de una unción que puede abrir los ojos espirituales de cada creyente. Dios no ha excluido a ninguna persona limitando su don solo a algunos. Esta unción de Apocalipsis 3 está disponible para todos, al igual que las vestiduras y el oro que Él nos ha suministrado.

5. Lucas 4:18: *El Espíritu del Señor está sobre mí, por cuanto me ha ungido para anunciar buenas nuevas a los pobres. Me ha enviado a proclamar libertad a los cautivos y dar vista a los ciegos, a poner en libertad a los oprimidos.*

Es raro pensar que este versículo se refiera a la vista espiritual, pero mirémoslo un poco más de cerca. Jesús dijo que fue ungido para predicar buenas noticias a los pobres, que es una actividad espiritual. Fue ungido para proclamar libertad a los cautivos y a librar a los oprimidos. Mi propuesta es que aquí no se refiere a prisioneros reales y personas oprimidas, como se evidencia en el hecho de que Jesús no abría literalmente las celdas de las cárceles para liberar a los cautivos. En lugar de eso, Él sanaba y libraba corazones y libertaba a otros de la opresión demoníaca. Esto nos lleva a la conclusión de que tal vez Jesús no sólo sanaba la ceguera física, lo cual ciertamente hacía, sino también la ceguera espiritual.

6. Mateo 7:1-5: *No juzguen a nadie, para que nadie los juzgue a ustedes. Porque tal como juzguen se les juzgará, y con la medida que midan a otros, se les medirá a ustedes. ¿Por qué te fijas en la astilla que tiene tu hermano en el ojo, y no le das importancia a la viga que está en el tuyo? ¿Cómo puedes decirle a tu hermano: "Déjame sacarte la astilla del ojo", cuando ahí tienes una viga en el tuyo? ¡Hipócrita!, saca primero la viga de tu propio ojo, y entonces verás con claridad para sacar la astilla del ojo de tu hermano.*

Queda claro que Jesús, mediante el uso de la metáfora y la hipérbole (exageración para llegar a un punto), no está hablando del ojo físico. Está hablando de cómo vemos el mundo a través de los ojos de nuestro corazón, y de cómo a veces tenemos una mancha o un tronco que dificulta nuestra vista. Esto también muestra cómo funciona la hipocresía.

7. 1 Juan 2:9-11: *El que afirma que está en la luz, pero odia a su hermano, todavía está en la oscuridad. El que ama a su hermano permanece en la luz, y no hay nada en su vida que lo haga tropezar. Pero el que odia a su hermano está en la oscuridad y en ella vive, y no sabe a dónde va porque la oscuridad no lo deja ver.*

Cuando un cristiano odia a otro creyente, ¿ese cristiano está físicamente ciego? ¡Por supuesto que no! Aquí habla de cómo el odio enceguece nuestros ojos espirituales. Debemos accionar nuestro discernimiento por medio del amor. El odio dificulta, oscurece y destruye el discernimiento que se asemeja al de Cristo.

Un corazón abierto

El asunto de quién tiene qué don y cuántos puede usar una persona, ha sido el tema de muchos debates en ciertos círculos de la Iglesia. Espero que esta rápida reseña de siete ejemplos sobre el deseo de Dios de que cada persona accione su vista espiritual, te ayude a abrir tu corazón y tu mente. Hay mucho más que está disponible para nosotros y debemos permanecer abiertos para encontrar nuevas verdades en La Palabra. Deberíamos hacer caso de lo que el apóstol Pablo dijo: *"Ustedes, por su parte, ambicionen los mejores dones"* (1 Corintios 12:31a). Ahora que entendemos los niveles que hay entre los dones, en verdad podemos buscar los dones mayores.

Activación

Las palabras *revelación*, *interpretación* y *aplicación* pueden servir como una forma simple y sincera para procesar información del reino espiritual. Primero, Dios te muestra algo. Segundo, le preguntas al Señor qué significa esa revelación. Tercero, le preguntas al Señor qué debes hacer con la información que Él te ha dado.

Revelación: Pídele al Señor que te muestre una visión en tu imaginación.

Interpretación: Pídele al Señor el significado de la visión.

Aplicación: Pregúntale al Señor qué debes hacer en respuesta. Quizá sólo recibiste la visión y fuiste animado, pero Él puede decirte que la visión es para alguien más y que tú debes alentar a esa persona con aquello que Él te mostró.

Escribe en tu diario la revelación, la interpretación y la aplicación, esto guardará la revelación para animarte en el futuro. Estos tres pasos pueden ser recordados como una sigla, R.I.A., y pueden ser aplicados a cada visión, sueño o imagen que venga del Señor.

Capítulo cinco

Profetas y videntes

LA PREGUNTA QUE ME hacen más frecuentemente es: "¿Qué es un vidente?". La respuesta que doy es diferente de acuerdo a quién hace la pregunta. Hay tres categorías generales de personas que formulan esta pregunta y respondo de acuerdo al grupo del cual forman parte.

Si la persona que pregunta no es creyente, no puedo usar la jerga cristiana para explicarlo. Utilizo términos que puedan entender y moldeo mi respuesta para lograr que tenga sentido para ellos. Podría responder diciendo: "Una persona que tiene una función como vidente puede ver en el reino espiritual que hay alrededor nuestro, similar a un psíquico. La diferencia es que un cristiano tiene derecho legal para operar en ese reino porque Jesús vive dentro de los cristianos. Un psíquico no tiene derecho a entrar en ese reino, y hacerlo es peligroso para ellos. Dios se comunica con los videntes tanto por medio de visiones, visiones abiertas y sueños, como de muchas otras maneras."

Si la persona es cristiana pero no está familiarizada con lo profético, entonces probablemente diría algo como: "¿Recuerdas cómo, en el Antiguo Testamento, Samuel tenía visiones y hablaba La Palabra de Dios a otros? Bueno, eso mismo es lo que hace un vidente o un profeta. Dios habla a los videntes y profetas de diferentes formas; luego ellos toman esos mensajes y los declaran a la Iglesia para traer visión, dirección y aliento."

Cuando una persona que está muy familiarizada con los profetas y las profecías pregunta "¿Qué es un vidente?", por lo general hay implícitas algunas otras preguntas. Esas preguntas implícitas son varias:

"¿Es importante que distingamos entre videntes y profetas?", "¿había videntes en el Nuevo Testamento?", "¿quiénes son los videntes que figuran en La Biblia?" y "¿en qué se diferencian los profetas de los videntes?". Como ya han sido respondidas las preguntas de los primeros dos grupos, responderé estas preguntas con más detalle.

P: ¿Es importante que distingamos entre videntes y profetas?

R: La Biblia es nuestro ejemplo. Si es importante para Dios, entonces debe ser importante para nosotros. La Escritura no es arbitraria en el uso de los títulos *vidente* y *profeta*. Se refiere a los individuos como uno o el otro. No era un término sinónimo usado intercambiado al azar. Aquí hay un ejemplo de La Escritura que separa muy específicamente los dos términos: *"Todos los hechos del rey David* (...), *su reinado y su poder* (...), *están escritos en las crónicas del vidente Samuel, del profeta Natán y del vidente Gad"* (1 Crónicas 29:29-30). Dios claramente distinguió a Samuel y a Gad como videntes y a Natán como profeta. Si es importante para Dios, entonces debe ser importante para nosotros.

P: ¿Quiénes son los videntes que figuran en La Biblia?

R: Hay nueve personas identificadas como videntes en el Antiguo Testamento. Hay muchos otros que en algún momento operaron este don, como Balán, Eliseo, Daniel y Zacarías, pero a ellos nunca se les dio el título de "videntes" en La Biblia. Solo a nueve personas les fue dado el nombre, título y llamado de *vidente*. Aquí están listadas las referencias bíblicas de sus títulos como videntes y de la posición principal que ocupaban.

Samuel	1 Crónicas 29:29	Consejero de gobierno
Gad	1 Crónicas 29:29	Consejero de gobierno
Sadoc	2 Samuel 15:27	Sacerdote principal
Hanani	2 Crónicas 16:7	Nieto de Samuel
Iddo	2 Crónicas 9:29	Sacerdote

Amós	Amós 7:12	Recogedor de higo de sicómoro, pastor de ovejas
Asaf	2 Crónicas 29:30	Líder de alabanza, autor del Salmo 50, y del 73 al 83
Jedutún	2 Crónicas 35:15	Líder de alabanza
Heman	1 Crónicas 25:5	Líder de alabanza, autor del Salmo 88

Nota las posiciones que ocupaban los videntes. Un tercio de ellos estaban orientados al gobierno o al mercado, un tercio eran líderes de alabanza y un cuarto de ellos se encontraba en el ministerio sacerdotal formal. También vemos en Hanani que la unción de vidente puede ser pasada generacionalmente. Muchas veces el título de vidente se aplica a otros como Ezequiel y Eliseo, pero estos nueve son los únicos en toda La Biblia a quienes Dios se refiere como vidente.

P: ¿Había videntes en el Nuevo Testamento?

R: De acuerdo a 1 Samuel 9:9, *"Antiguamente, cuando alguien en Israel iba a consultar a Dios, solía decir: 'Vamos a ver al vidente', porque así se le llamaba entonces al que ahora se le llama profeta"*. En nuestros tiempos modernos podemos dejar a un lado la historia y el contexto detrás de las palabras bíblicas. Este versículo nos muestra que en la progresión de la lengua hebrea, la palabra *vidente* y la palabra *profeta* se mezclaron y fueron nombradas como una misma cosa. Tanto al profeta como al vidente se les atribuye el mismo llamado, sin embargo la forma en que cada uno recibe revelación del Señor funciona de manera diferente. Los videntes continuaron ministrando en Israel, de modo que no fueron desestimados, sino que simplemente hubo un cambio en las tendencias de la lengua. Es similar al hecho de que existen ingenieros eléctricos, ingenieros mecánicos, ingenieros civiles y muchos otros, con un mundo de diferencias entre ellos, pero por conveniencia solo los llamamos ingenieros.

Cuando leemos el Nuevo Testamento, no encontramos referencias para el término *vidente*. Esto sucede porque el lector del primer siglo ya comprendió que en la palabra *profeta* estaban implícitas ambas funciones, profeta y vidente. (Si en 1 Samuel 9:9 se hubiese eliminado el uso del término *profeta* a favor de la palabra *vidente*, aun tendríamos cinco funciones en la lista de Efesios 4:11 del Nuevo Testamento, pero *profeta* estaría incluido en la palabra *vidente*). Cuando los creyentes del primer siglo leyeron las palabras de Pablo en Efesios 4:11, técnicamente veían seis ministerios, no cinco: *"Él mismo constituyó a unos, apóstoles; a otros, profetas* [la palabra *profeta* incluye a los videntes]*; a otros, evangelistas; y a otros, pastores y maestros"* (Efesios 4:11). Los profetas y los videntes aun existen, y ambos son llamados a entregar la palabra profética del Señor, pero operan de manera diferente (lo veremos en mayor detalle a continuación).

P: ¿En qué se diferencian los profetas de los videntes?

R1: Una forma simple de determinar si alguien es un profeta o un vidente en La Biblia es observar el prefijo que utiliza para lo profético. Si cuando profetiza expresa: "El Señor dice", entonces es muy probable que esté escuchando las palabras del Señor que surgen en su interior como un profeta. La raíz del término profeta es *nabi*. Dennis Cramer nos da una gran explicación de su significado:

> La palabra hebrea para *profeta* (que se encuentra 300 veces en el Antiguo Testamento) significa "persona repentinamente inspirada". La palabra implica a uno que surge, que fluye. Algunos pueden llamar a este fenómeno *efervescencia profética*, el surgimiento repentino o fluir del mensaje profético desde lo profundo del interior del espíritu humano. Muchos creyentes proféticos, sea que son profetas o meramente proféticos, experimentarán este tipo de profecía. El estilo de profecía "nabi" es un surgimiento espontáneo o una inspiración repentina para profetizar con muy poco o nada de conocimiento previo.[6]

6. Dennis Cramer, *School of Prophecy, Level One* [Escuela de profecía, nivel uno], Williamsport, PA, Dennis Cramer Ministries, 1998, pág. 54.

R2: Un vidente, dirá más a menudo: "El Señor me mostró", o "Era como", o "Vi", y luego continuará la explicación. Paula Price, la autora de *The Prophet's Dictionary* [El diccionario del profeta] escribe sobre los videntes:

> La palabra hebrea para *vidente* significa "uno que recibe comunicaciones de Dios más bien por medio de visiones o sueños en lugar de palabras audibles". Los profetas que dicen que vieron las palabras del Señor en vez de escucharlas son un ejemplo de este tipo de profetas.[7]

Cindy Jacobs, una autora profética reconocida, escribe en su libro *La voz de Dios*:

> Los profetas en el Antiguo Testamento, en una época eran llamados "videntes". Esto quiere decir que literal o figurativamente veían cosas en el espíritu. Algunos de los profetas eran más gráficos en sus dones que otros, como Ezequiel, que vio visiones de criaturas celestiales. Ciertas personas proféticas de hoy, reciben sus palabras proféticas principalmente por medio de imágenes. Sus profecías a menudo serán las interpretaciones de imágenes o visiones internas que ven.[8]

Es típico que los profetas y videntes enseñen a otros a recibir revelación de la misma manera en que ellos la reciben. Para el profeta esto sería escuchar la voz interna del Espíritu Santo. Para el vidente, que recibe revelación de un modo más visual, sería enseñar los sueños, imágenes mentales, visiones que aparecen ante sus ojos (a veces llamadas visiones abiertas), ángeles mensajeros y experiencias en el cielo o en el reino invisible.

Existen muchas formas diferentes por las que Dios le habla a los videntes, de modo que cada uno de ellos es distinto. A algunos les

---

7. Paula Price, *The Prophet's Dictionary* [El diccionario del profeta], Tulsa, OK, Flaming Vision Publications, 2002, pág. 494.
8. Cindy Jacobs, *La voz de Dios*, Nashville, TN, Editorial Caribe, 1996.

habla casi estrictamente a través de sueños, mientras que otros tienen la habilidad de utilizar sus ojos espirituales y ver dentro del reino invisible como lo hacía Eliseo: "*Y oró Eliseo, y dijo: Te ruego, oh Jehová, que abras sus ojos para que vea. Entonces Jehová abrió los ojos del criado, y miró; y he aquí que el monte estaba lleno de gente de a caballo, y de carros de fuego alrededor de Eliseo*" (2 Reyes 6:17, RVR60).

Capítulo seis

El reino invisible

Así que no nos fijamos en lo visible sino en lo invisible, ya que lo que se ve es pasajero, mientras que lo que no se ve es eterno.
—2 Corintios 4:18

EN ESTE PASAJE TENEMOS cuatro palabras diferentes que es importante que entendamos: *visible*, *invisible*, *pasajero* y *eterno*. Lo *visible* es lo que llamamos el reino físico, aquel que es visible a los ojos físicos. Este reino puede ser estudiado y experimentado a través de nuestros cinco sentidos naturales: el gusto, el tacto, el oído, la vista y el olfato.

Lo *invisible* es otro reino. Al igual que en el reino físico, también se puede experimentar con los cinco sentidos. Los cinco sentidos de nuestro cuerpo físico no pueden interactuar con el reino invisible, pero tenemos cinco sentidos en nuestro espíritu que interactúan con él. El reino físico y el reino espiritual es a lo que Pablo se refería cuando escribía sobre lo visible y lo invisible.

Luego tenemos lo *eterno* y lo *pasajero*. Lo *eterno* es cualquier otro reino que no sea el físico. Por ejemplo, diez mil millones de años atrás, Dios existía en los cielos y en el espíritu. Dentro de diez mil millones de años, aún existirá en los cielos y en el espíritu. Cuando Pablo escribe acerca de lo *pasajero*, está hablando de este reino físico que comenzó en Génesis 1 y que continuará sólo hasta ser reemplazado por la nueva tierra en Apocalipsis 22. Si tuvieras que dibujar una línea para representar el tiempo, y esta se extendiera infinitamente hacia el pasado e infinitamente hacia el futuro, y si tuvieras que poner una marca de 2,5 centímetros en esa línea, esto te daría una idea de lo que es el lapso de tiempo del reino físico según la perspectiva del cielo. Es bueno tener esta perspectiva cuando consideramos la realidad del reino espiritual.

Muchos han declarado que el reino espiritual es tan real como el reino físico; en realidad esta es una enorme subestimación. La verdad es que el reino espiritual es mucho más real que el reino físico. De hecho, si murieras en este mismo segundo mientras lees este libro, inmediatamente te encontrarías habitando en el reino espiritual. Estás a un latido de existir completamente en él. No obstante, algunos viven toda su vida negando su existencia.

Cuando un ángel aparece en el reino físico, generalmente la gente piensa que vino del cielo. Es verdad que los ángeles del Señor tienen su hogar en el cielo con Dios, pero también pueden estar alrededor de nosotros en la Tierra en el reino invisible, como sucedió con Eliseo y su criado en 2 Reyes 6. A veces se manifiestan en el reino visible para dar un mensaje, y luego vuelven al reino invisible, como ocurrió con Balán en Números 22. Hay ocasiones en las que entregar el mensaje puede tomar mucho tiempo e incluso guerras de las que no somos completamente conscientes. Por ejemplo, los ángeles Miguel y Gabriel tuvieron que luchar juntos contra el príncipe de Persia (posiblemente un espíritu maligno regional) para finalmente abrirse camino luego de veintiún días de guerra y entregarle el mensaje a Daniel (ver Daniel 10:13).

Definiendo los términos

Algunos maestros en el Cuerpo de Cristo han inventado nuevos términos extra bíblicos para explicar los tres diferentes reinos. [Nota del autor: "extra bíblico" simplemente se refiere a cosas que no figuran en La Biblia. No es lo mismo que antibíblico o no bíblico]. Basándose en la frase "tercer cielo" que utiliza Pablo en 2 Corintios 12:2-4, han explorado el hecho de que si existiera un tercer cielo, entonces sería razonable que hubiera primero y segundo cielo, ninguno de los cuales es mencionado en La Biblia. Teológicamente, esta no es una suposición equivocada. Sin embargo, cuando comenzamos a crear términos extra bíblicos nuevos, por lo general nos asustamos y nos separamos de otras partes del Cuerpo de Cristo. Yo he preferido utilizar el lenguaje bíblico tanto como me sea posible para poder atraer a las partes más tímidas del Cuerpo de Cristo hacia nuevas experiencias con el Espíritu Santo.

Cuando la gente habla del primer cielo se refiere a lo que La Biblia llama el *reino visible.* Cuando se trata del segundo cielo, se hace referencia a lo que La Biblia encontramos como *reino invisible,* el cual rodea al reino físico. El término *tercer cielo* sólo es mencionado una vez en La Escritura, y se refiere a algo que había ocurrido una sola vez en 14 años, y el autor ni siquiera podía describir tan preciosa experiencia.

> *Conozco a un seguidor de Cristo que hace catorce años fue llevado al tercer cielo (no sé si en el cuerpo o fuera del cuerpo; Dios lo sabe). Y sé que este hombre (no sé si en el cuerpo o aparte del cuerpo; Dios lo sabe) fue llevado al paraíso y escuchó cosas indecibles que a los humanos no se nos permite expresar.*
>
> —2 Corintios 12:2-4

Debido a que el tercer cielo sólo es mencionado en una oportunidad y sin descripción, prefiero no utilizar este término casualmente. Considero que el tercer cielo debe ser algo muy profundo (por lo indescriptible e inusual) por lo que sucedió una vez en 14 años. Si bien tenemos acceso al Reino celestial y sus experiencias, de acuerdo a lo que dice Pablo el tercer cielo es algo completamente diferente.

Ejemplos del reino invisible. Eliseo y su criado

> *Y él dijo: Id, y mirad dónde está, para que yo envíe a prenderlo. Y le fue dicho: He aquí que él está en Dotán. Entonces envió el rey allá gente de a caballo, y carros, y un gran ejército, los cuales vinieron de noche, y sitiaron la ciudad. Y se levantó de mañana y salió el que servía al varón de Dios, y he aquí el ejército que tenía sitiada*

la ciudad, con gente de a caballo y carros. Entonces su criado le dijo: ¡Ah, señor mío! ¿Qué haremos? Él le dijo: No tengas miedo, porque más son los que están con nosotros que los que están con ellos. Y oró Eliseo, y dijo: Te ruego, oh Jehová, que abras sus ojos para que vea. Entonces Jehová abrió los ojos del criado, y miró; y he aquí que el monte estaba lleno de gente de a caballo, y de carros de fuego alrededor de Eliseo.

—2 REYES 6:13-17 (RVR60)

En esta historia a Eliseo lo habían rodeado las fuerzas del enemigo durante la noche. Cuando el criado despertó y se dio cuenta de que estaban rodeados se llenó de miedo. El profeta, sin embargo, estaba en calma, sereno y tranquilo. Le indicó a su criado que no tuviera miedo y le informó que eran más las fuerzas que estaban de su lado que las que estaban del lado de su enemigo.

Eliseo estaba mirando dentro del reino invisible del espíritu. Oró para que su criado también fuera capaz de ver. El criado recibió esta impartición y pudo ver lo que veía Eliseo. Mi amigo Harold Eberle tiene una interesante percepción de cómo vemos las cosas en el espíritu y cómo Dios se comunica con nosotros:

> Para ver cómo las dinámicas espirituales se relacionan con las consecuencias naturales, consideremos cómo el profeta Eliseo y su criado se encontraron rodeados por soldados enemigos. Eliseo oró para que los ojos de su criado fueran abiertos al mundo espiritual, "*... miró; y he aquí que el monte estaba lleno de gente de a caballo, y de carros de fuego alrededor de Eliseo*" (2 Reyes 6:17b, RVR60). Sabiendo que Dios estaba con él, Eliseo no tuvo miedo. Le pidió a Dios que hiriera a sus enemigos con ceguera e inmediatamente quedaron ciegos por un tiempo.
>
> Esta historia es esclarecedora en cuanto a cómo se ve el reino espiritual para aquel que puede ver lo que sucede en él. Dios se comunica por medio de visiones. Utiliza imágenes a las que podemos referirnos para comunicar lo que está sucediendo en el mundo espiritual.

Con respecto a la visión de Eliseo y su criado, es difícil decir si los caballos y los carros que vieron representaban el poder de Dios dispuesto para defenderlos. Para nosotros, hoy, los caballos y carros no serían una representación muy efectiva del poder de Dios porque una sola máquina militar moderna, como un tanque, podría derrotar miles de caballos y carros. Tal vez, si Dios quisiera revelarnos su poder a nosotros, nos mostraría ejércitos con todo lo último en equipamiento moderno y mortífero.

Esto nos revela cómo las realidades en el reino espiritual se nos comunican en el reino natural. Es similar a las imágenes que uno ve en sueños. Hay mensajes verdaderos detrás de las imágenes espirituales, pero estas son meramente formas de comunicación.[9]

Daniel ve en el reino espiritual

Daniel vivió una vida llena de experiencias espirituales increíbles. En el libro de Daniel capítulo 10, él ve en el reino espiritual, pero los hombres que están con él no compartieron su experiencia. Recientemente había tenido una visión acerca de una guerra que se aproximaba que lo inquietó emocionalmente por varias semanas. Un día, mientras Daniel estaba de pie en la orilla del río Tigris, comenzó a ver en el reino espiritual:

> *El día veinticuatro del mes primero, mientras me encontraba yo a la orilla del gran río Tigris, levanté los ojos y vi ante mí a un hombre vestido de lino, con un cinturón del oro más refinado. Su cuerpo brillaba como el topacio, y su rostro resplandecía como el relámpago; sus ojos eran dos antorchas encendidas, y sus brazos y piernas parecían de bronce bruñido; su voz resonaba como el eco de una multitud. Yo, Daniel, fui el único que tuvo esta visión.*

---

9. Harold Eberle, *Victorious Eschatology* [Escatología victoriosa], Yakima, WA, Worldcast Pub., 2006, págs. 156-157.

> *Los que estaban conmigo, aunque no vieron nada, se asustaron y corrieron a esconderse.*
>
> —DANIEL 10:4-7

Daniel lo vio, y aunque los hombres no vieron, sí sintieron una presencia muy fuerte, tan fuerte que de pronto corrieron y se escondieron. ¡Qué increíble que estén parados junto a él en un minuto y de repente tengan una urgencia imperiosa de huir y esconderse! La visión continúa solo con Daniel:

> *Nadie se quedó conmigo cuando tuve esta gran visión. Las fuerzas me abandonaron, palideció mi rostro, y me sentí totalmente desvalido. Fue entonces cuando oí que aquel hombre me hablaba. Mientras lo oía, caí en un profundo sueño, de cara al suelo. En ese momento una mano me agarró, me puso sobre mis manos y rodillas, y me dijo: "Levántate, Daniel, pues he sido enviado a verte. Tú eres muy apreciado, así que presta atención a lo que voy a decirte". En cuanto aquel hombre me habló, tembloroso me puse de pie.*
>
> —DANIEL 10:8-11

Daniel se las arregló para quedarse a ver la visión, pero se encontraba físicamente abrumado. Desde fuera, todo esto debe haber sido interesante de ver. Allí está Daniel con un grupo de personas cuando de repente todos se echan a correr aterrorizados. Él es el único que se queda, pero se pone pálido y cae al suelo. Luego, temblando se levanta y se pone de pie, aun en lo físico, no hay nada visible como para que todo esto tenga sentido.

El apóstol Juan

El apóstol Juan estaba bajo persecución religiosa y había sido exiliado a la isla de Patmos. Escribió que en el día del Señor él se encontraba en el espíritu (para tener mayor perspectiva de lo que quiere decir "en el espíritu", ver el capítulo 14: "Adorar en espíritu y en verdad"). De pronto se vio inmerso en una experiencia profética en la que pudo mirar dentro del reino invisible.

> *Me volví para ver de quién era la voz que me hablaba y, al volverme, vi siete candelabros de oro. En medio de los candelabros estaba alguien "semejante al Hijo del hombre", vestido con una túnica que le llegaba hasta los pies y ceñido con una banda de oro a la altura del pecho. Su cabellera lucía blanca como la lana, como la nieve; y sus ojos resplandecían como llama de fuego. Sus pies parecían bronce al rojo vivo en un horno, y su voz era tan fuerte como el estruendo de una catarata. En su mano derecha tenía siete estrellas, y de su boca salía una aguda espada de dos filos. Su rostro era como el sol cuando brilla en todo su esplendor. Al verlo, caí a sus pies como muerto; pero él, poniendo su mano derecha sobre mí, me dijo: "No tengas miedo. Yo soy el Primero y el Último, y el que vive. Estuve muerto, pero ahora vivo por los siglos de los siglos, y tengo las llaves de la muerte y del infierno".*
>
> —APOCALIPSIS 1:12-18

Cuando dice que Juan "cayó como muerto", su cuerpo físico realmente cayó al suelo en el reino físico. Si bien estaba de pie en el reino físico, cuando vio la visión ante él en el reino espiritual, fue afectado físicamente. En los capítulos 1 al 3 de Apocalipsis, Juan está en su cuerpo mirando la visión con sus ojos espirituales. No es sino hasta el principio del capítulo 4 que Juan deja su cuerpo atrás. En Apocalipsis 4, Dios llama a Juan fuera de esta Tierra: "*... Sube acá...*" (Apocalipsis 4:1), y así se transforma en una experiencia fuera del cuerpo.

Balán y su asna

Esta es una de las historias más misteriosas del libro de Números. Balán, el profeta, se rebelaba contra las palabras del Señor. Había preparado su asna y dos de sus criados viajaban con él. La Palabra nos dice que la burra de Balán miró en el reino espiritual y vio al ángel del Señor de pie en el camino con la espada desenvainada. El asna salió del camino para salvarse, pero Balán, que estaba imposibilitado para ver debido a su desobediencia, se enojó con la burra. Comenzó a golpearla para que volviera al camino. Nuevamente el asna vio al ángel e intentó escapar acercándose a una pared y al presionar lastimó el pié del profeta. Otra vez él golpeó a la burra. Por tercera vez el asna vio al ángel y solamente se sentó teniendo encima a Balán. Esto hizo que se enfureciera y otra vez golpeó al animal.

> *Balán se levantó por la mañana, ensilló su burra, y partió con los gobernantes de Moab. Mientras iba con ellos, la ira de Dios se encendió y en el camino el ángel del Señor se hizo presente, dispuesto a no dejarlo pasar. Balán iba montado en su burra, y sus dos criados lo acompañaban. Cuando* ***la burra vio al ángel del Señor*** *en medio del camino, con la espada desenvainada, se apartó del camino para meterse en el campo. Pero Balán la golpeó para hacerla volver al camino. El ángel del Señor se detuvo en un sendero estrecho que estaba entre dos viñas, con cercos de piedra en ambos lados. Cuando* ***la burra vio al ángel del Señor****, se arrimó contra la pared, con lo que lastimó el pie de Balán. Entonces Balán volvió a pegarle. El ángel del Señor se les adelantó y se detuvo en un lugar más estrecho, donde ya no había hacia dónde volverse. Cuando* ***la burra vio al ángel del Señor****, se echó al suelo con Balán encima. Entonces se encendió la ira de Balán y golpeó a la burra con un palo.*
>
> —Números 22:21-27, énfasis añadido por el autor

Esta historia se torna realmente extraña cuando Dios le da al asna la habilidad momentánea de hablar. La burra le pregunta a Balán por qué la golpea, a lo que él responde que lo está haciendo pasar por tonto. El profeta neciamente dice que si tuviese una espada mataría a su asna parlante. La burra razona con él y le dice que ella nunca había actuado de esa manera y Balán está de acuerdo en que es verdad. De repente el Señor abre sus ojos al reino espiritual. De pie en el reino invisible se encuentra el ángel que había sido enviado para matarlo. El ángel le dijo que si el asna no se hubiese escapado, él habría matado a Balán y dejado a el asna con vida.

> *Pero el SEÑOR hizo hablar a la burra, y ella le dijo a Balán: "¿Se puede saber qué te he hecho, para que me hayas pegado tres veces?". Balán le respondió: "¡Te has venido burlando de mí! Si hubiera tenido una espada en la mano, te habría matado de inmediato". La burra le contestó a Balán: "¿Acaso no soy la burra sobre la que siempre has montado, hasta el día de hoy? ¿Alguna vez te hice algo así?". "No", respondió Balán.* ***El SEÑOR abrió los ojos de Balán****, y éste pudo ver al ángel del SEÑOR en el camino y empuñando la espada. Balán se inclinó entonces y se postró rostro en tierra. El ángel del SEÑOR le preguntó: "¿Por qué golpeaste tres veces a tu burra? ¿No te das cuenta de que vengo dispuesto a no dejarte pasar porque he visto que tus caminos son malos? Cuando la burra me vio, se apartó de mí tres veces. De no haber sido por ella, tú estarías ya muerto y ella seguiría con vida".*
>
> —NÚMEROS 22:28-33, ÉNFASIS AÑADIDO POR EL AUTOR

Todo esto abre la discusión sobre los animales y el reino espiritual. El pastor Roland Buck, autor del clásico libro *Angels on Assignment* [Ángeles cumpliendo una misión], comparte acerca de su perro que tiene conciencia del reino espiritual:

> Queenie, esa es mi perra (...) una Gran Danesa de raza (...) silenciosamente "resopló" mientras presionaba su húmeda nariz contra mi rostro. Eran las 2:00 de la mañana. A esta altura yo sabía qué era lo que sucedía. Esa es la forma en que ella me despierta cuando se da cuenta de que hay visitantes angélicos en la casa.[10]

10. Roland Buck con Charles y Frances Hunter, *Ángeles en misiones especiales*, Terrassa, Barcelona, CLIE, 1980.

Tal vez el asna de Balán tenía una aguda percepción de los seres espirituales debido a su proximidad a la unción que tuvo por tanto tiempo, o quizás el ser consciente del reino espiritual es parte de la naturaleza de los animales.

A partir de estos ejemplos de La Escritura vemos que muchos personajes de La Biblia experimentaron e interactuaron con el reino invisible. Como creyentes del Nuevo Testamento, nosotros también tenemos acceso y debemos experimentar este reino en nuestras vidas.

Pensamientos finales

Existen muchas opiniones sobre si el reino espiritual es bueno o malo pero, a medida que miramos La Escritura, encontramos que tanto los ángeles como los demonios operan en este plano de existencia. Incluso Jesús se les aparece a Daniel y a Juan en este reino. El reino invisible no es ni bueno ni malo, del mismo modo en que el reino físico no es ni bueno ni malo. Es meramente un plano de existencia. Así como en el reino físico, los seres que habitan allí pueden ser buenos o malos. Decir que todo lo que hay en el reino invisible (o segundo cielo) es demoníaco no es bíblico, y estaríamos cortando un camino legítimo por el que Dios se dirige a nosotros. Como no vivimos conscientes del reino espiritual de manera constante, debemos utilizar el discernimiento cuando interactuamos con este reino.

Activación I

Pon esta oración en tus propias palabras:

Señor:
Quiero tener comunicación del cielo en mi vida. Te pido que abras el reino invisible para mí. Señor, por favor, quita todo temor de mi corazón, temor de lo invisible y temor de los encuentros

espirituales. Señor, quiero recibir todas las bendiciones espirituales que tú has preparado para mí. Me predispongo a mí mismo a tus muchas formas de comunicación.

Activación II

Este ejercicio puede tomar algo más de tiempo.

Primero: Pide al Señor que traiga a tu mente a un amigo o a un miembro de tu familia.

Segundo: Pide al Señor que te muestre algo acerca de esa persona o que esté a su alrededor en el reino espiritual. Podría ser un ángel que se encuentre de pie a su lado, Jesús, una presencia demoníaca, un fruto del Espíritu Santo, objetos como armas o cadenas, una vestimenta especial como una armadura o vestiduras tribales, etcétera.

Tercero: Pide al Señor que te de entendimiento de lo que estás viendo y cómo se traduce en palabras de aliento para este individuo.

Cuarto: Escribe lo que has visto y su significado como si estuvieras escribiendo una carta para esta persona.

Volveremos a ver esta carta al final del capítulo 8: “Discernimiento de espíritus”.

Capítulo siete

Preguntas acerca del reino angelical

SE HAN ESCRITO, LITERALMENTE, cientos de libros acerca de los ángeles. He leído docenas de ellos. Mi objetivo, al escribir este, fue proveer una perspectiva fresca sobre estas verdades muy antiguas. En lugar de referirme a las preguntas básicas que pueden ser contestadas leyendo casi cualquier libro que trate este tema (por ejemplo: ¿Cómo son los ángeles? ¿Cuántos ángeles hay? ¿Existen ángeles malos?), en este capítulo me concentraré en algunas de las preguntas más difíciles, inusuales y hasta controversiales acerca de lo angélico.

P: ¿Ves ángeles todo el tiempo?

R: De la misma manera que con los dones del Espíritu Santo, debemos levantarnos en fe para activar el don. Por ejemplo, mientras el Espíritu Santo se mueve de forma soberana para sanar a alguien, la mayoría de las veces debemos comprometer nuestra fe. A menudo Jesús daba un mandato, un acto de obediencia para activar la fe para la sanidad. Por ejemplo, Él decía: "Ve y muéstrate ante el sacerdote", "Lávate el lodo de los ojos", o "Levanta tu lecho y anda". En cada caso la sanidad física ocurrió después de que la persona respondió en fe obedeciendo el mandato.

Cuando el Espíritu Santo da una palabra profética, debemos tomar parte y cooperar con Él entregando la palabra. Cuando actúas en fe, estás dando un paso dentro del ámbito del Reino de Dios, sanidad, profecía, milagros, discernimiento de espíritus, y más. Yo no veo el reino espiritual todo el tiempo, pero puedo activar mi fe y sé que el Espíritu Santo se encontrará con mi fe y que el don de discernimiento de espíritus obrará a través de mí.

P: ¿Ves ángeles de la misma forma en que ves a otras personas?

R: Cuando veo ángeles los veo de una manera similar a Eliseo, Balán o el asna de Balán. Los veo sobrepuestos sobre el reino natural. No los veo tan claramente como a una persona de carne y hueso, pero mis ojos espirituales los ven.

Como lo estudiamos en el capítulo sobre el reino espiritual, existe un precedente en Las Escrituras de un individuo que vio seres angélicos mientras otros que estaban con él no los vieron.

P: ¿Ver en el reino espiritual quiere decir que uno ve también lo demoníaco?

R: Si, una vez que tus ojos son abiertos y puedes ver, deberías ser capaz de distinguir las raíces espirituales de las enfermedades, tal vez alguna cosa en el pasado de la persona, y a veces incluso la presencia de espíritus demoníacos. Esto es algo bueno, porque a medida que caminamos en la autoridad de Cristo, cuando aparece en nuestro camino algo demoníaco, podemos luchar e impulsar al Reino de Dios logrando un avance.

He hablado con muchas personas que comenzaron a ver primero el lado oscuro antes de poder percibir los ángeles y el lado de la luz. No tengo una explicación para esto, pero sí tengo algunas teorías especulativas.

Primero, en nuestra cultura el entretenimiento está lleno de horror y violencia. Esto ha contaminado los ojos espirituales de muchos y es necesario el arrepentimiento para que la purificación pueda ser liberada.

Segundo, un espíritu familiar podría estar rondando a una familia o individuo debido a una maldición generacional. Esto puede ser quebrado por la sangre de Jesús.

Tercero, Satanás se opone por completo al don de discernimiento de espíritus. Si puede asustar a una persona que está utilizando su don, y deja de usarlo, entonces habrá tenido éxito. A medida que continúes madurando y presionando para avanzar en tu don, los otros reinos de discernimiento comenzarán a abrirse también.

P: ¿Existen ángeles femeninos?

R: No hay referencia en Las Escrituras a ángeles femeninos. Este es un punto importante porque el movimiento de la Nueva Era trajo mucha confusión a la Iglesia en el mundo occidental. Los ángeles son más comúnmente retratados como femeninos, y seguidos de cerca por un bebé querubín gordo con un arco y flecha, ninguno de los cuales aparecen en Las Escrituras.

Existen seres espirituales femeninos en Las Escrituras, tales como los que se mencionan en Zacarías 5:5-11. Estos versículos son comúnmente utilizados para enseñar la existencia de ángeles femeninos. Pero si estudiamos este pasaje más de cerca, en ningún momento se refiere a estos seres como a ángeles.

> *Entonces el ángel que hablaba conmigo salió y me dijo: "Alza la vista y fíjate en esto que ha aparecido". "¿Y qué es?", le pregunté. Y él me contestó: "Es una medida de veintidós litros. Es la maldad de la gente de todo el país". Se levantó entonces la tapa de plomo, ¡y dentro de esa medida había una mujer sentada! El ángel dijo: "Ésta es la maldad", e inmediatamente arrojó a la mujer dentro de la medida, la cual cubrió luego con la tapa de plomo. Alcé la vista, ¡y vi ante mí dos mujeres que salían batiendo sus alas al viento! Tenían alas como de cigüeña, y elevaban la medida por los aires. Yo le pregunté al ángel que hablaba conmigo: "¿A dónde se llevan la medida?" Y él me respondió: "Se la llevan al país de Babilonia,*

> *para construirle un templo. Cuando el templo esté listo, colocarán la medida allí, sobre un pedestal".*
>
> —ZACARÍAS 5:5-11

En la visión, el ángel que está de pie junto a Zacarías es mencionado de modo masculino. Luego ve dos mujeres con alas como de cigüeña que aparecen y que después se alejan volando.

La primera suposición equivocada es que generalmente los ángeles tienen alas, por lo tanto estos debían ser ángeles. En La Biblia, se describe claramente a los serafines (ver Isaías 6:2) y los querubines (ver Ezequiel 10:8) con alas, pero ellos son un tipo diferente de seres, no ángeles. Los ángeles son una clase y un orden de seres específico, no deben ser confundidos con otros seres espirituales como querubines, serafines, los cuatro seres vivientes (ver Apocalipsis 4:6) y los siete espíritus de Dios (ver Apocalipsis 4:5). Si examinas muchas de las referencias a ángeles en La Biblia, encontrarás que la mayoría de ellos se presentan pareciéndose a los hombres (sin alas). Hebreos 13:2 dice: *"No se olviden de practicar la hospitalidad, pues gracias a ella algunos, sin saberlo, hospedaron ángeles"*. Si todos los ángeles tuviesen esas grandes alas como en Hollywood, este versículo no tendría sentido.

Un detalle interesante es que Zacarías dice que las alas eran semejantes a las de una cigüeña. En ningún otro lugar de La Biblia dice que los ángeles tienen alas como las de las cigüeñas. Si Zacarías estuviese intentando decir que estas dos mujeres eran ángeles, podría haber dicho que tenían alas como las de un ángel. En lugar de eso prefirió describirlas como algo completamente único en su visión. Como una nota adicional, Dios les dijo a los israelitas que la cigüeña era un animal inmundo y detestable, de modo que esta visión era una imagen negativa (ver Levítico 11:13-19).

¿Podría estar Zacarías confundido, tal vez nunca había visto un ángel, o no pudo darse cuenta de que se trataba de ángeles femeninos? Esta es una afirmación inválida porque él se encuentra de pie junto a un ángel durante este encuentro. Cuando miramos la totalidad del libro de Zacarías, vemos que no es un ignorante en lo referente al reino angélico. Él pudo decir que dos ángeles femeninos aparecieron en su visión, pero en lugar de eso describió lo que en realidad vio en esta interesante visión: dos mujeres con alas como las de la cigüeña.

No existe ninguna referencia directa de un ángel representado en forma femenina en La Biblia, pero hay muchas referencias de seres espirituales femeninos. Entre los ejemplos podemos incluir las dos mujeres en Zacarías 5, el espíritu de Jezabel en Apocalipsis 2, la mujer y el dragón en Apocalipsis 12, la ramera de Babilonia en Apocalipsis 17 y el espíritu de sabiduría, al cual se refiere en una forma femenina en el libro de Proverbios (ver Proverbios 1:20-33; 4:5-9; 8; 9).

P: ¿Los ángeles tienen género?

R: Observemos el pasaje que generalmente es utilizado para decir que los ángeles no tienen género:

> *Ese mismo día los saduceos, que decían que no hay resurrección, se le acercaron y le plantearon un problema: "Maestro, Moisés nos enseñó que si un hombre muere sin tener hijos, el hermano de ese hombre tiene que casarse con la viuda para que su hermano tenga descendencia. Pues bien, había entre nosotros siete hermanos. El primero se casó y murió y, como no tuvo hijos, dejó la esposa a su hermano. Lo mismo les pasó al segundo y al tercer hermano, y así hasta llegar al séptimo. Por último, murió la mujer. Ahora bien, en la resurrección, ¿de cuál de los siete será esposa esta mujer, ya que todos estuvieron casados con ella?". Jesús les contestó: "Ustedes andan equivocados porque desconocen las Escrituras y el poder de Dios. En la resurrección, las personas no se casarán ni serán dadas en casamiento, sino que serán como los ángeles que están en el cielo. Pero en cuanto a la resurrección de los muertos, ¿no han leído lo que Dios les dijo a ustedes: 'Yo soy el Dios de Abraham, de Isaac y de Jacob'? Él no es Dios de muertos, sino de vivos". Al oír esto, la gente quedó admirada de su enseñanza.*
>
> —Mateo 22:23-33

Muchos han tergiversado este versículo para que se interprete que los ángeles no tienen género porque no se casan ni son entregados para el matrimonio. ¿Qué es lo que está diciendo este versículo en realidad? Cuando Jesús dice que en la resurrección las personas serán como los ángeles del cielo, ¿esto qué tiene que ver con el género? Si tenemos que creer que los ángeles no tienen género y seremos como ellos, entonces una vez que hayamos resucitado, ¿nosotros tampoco tendremos género? ¡Obviamente que no!

Considera que cada una de las referencias, de los cientos que contienen Las Escrituras, siempre se dirige a los ángeles como masculinos. Llegar a la conclusión de que los ángeles carecen de género y que ese es el motivo por el cual no contraen matrimonio es como decir que las personas con el don del celibato (ver 1 Corintios 7:7) no tienen género y que por esa razón no se casan. Algunos han ido más lejos y suponen que dado que los ángeles no se reproducen, no deben tener género. La verdad es que los ángeles no son una raza, son criaturas individuales y es por eso que no se reproducen.

Ahora forzaremos la interpretación en el sentido contrario y diremos que, como cada referencia en Las Escrituras muestra que todos los ángeles son masculinos, si seremos como ellos, en la resurrección todas las mujeres se volverán hombres. Seguramente nadie argumentará este punto como válido.

Cuando Jesús dice que seremos como los ángeles, esa declaración tiene implicancias más obvias, como tener vida eterna, cuerpos glorificados y una vida sin pecado. Quizás Jesús realmente estaba respondiendo su pregunta, la cual no tenía nada que ver con el género de los ángeles. Tal vez quiso decir que viviremos en el Reino divino como los ángeles y que no tendremos las dificultades y complicaciones de esta vida terrenal, como la muerte, el matrimonio y el segundo casamiento.

P: ¿Cuál es la respuesta física típica a un encuentro angélico?

R: Creo que cada uno reacciona de manera diferente. Me gustaría citar uno de mis libros favoritos sobre los ángeles: *Los ángeles: escogidos y malignos*, de Fred Dickason:

> Cuando los ángeles aparecen, sus presencias producen efectos variados en los hombres. No se nota ningún efecto especial en José excepto el alivio de su humana preocupación por María y su obediencia a la voluntad revelada de Dios (ver Mateo 1:18-25).
>
> Una perturbación mental y emocional vino sobre María cuando Gabriel le anunció la noticia del nacimiento de Cristo. Sin embargo, conversó con él y aceptó su mensaje como proveniente de Dios (ver Lucas 1:29, 34, 38). Zacarías estaba asustado y lleno de temor cuando un ángel se le apareció en el templo (ver Lucas 1:12). Los pastores a los que el mensajero angelical les anunció el nacimiento de Cristo tuvieron mucho temor al principio (ver Lucas 2:9), pero investigaron racionalmente las novedades y se maravillaron por el mensaje (ver Lucas 2:15-18).
>
> La debilidad mental y física, a veces acompañada por una completa carencia de compostura, es el resultado de la presencia de ángeles. Considera a los guardias romanos que vieron al ángel que quitó la piedra de la tumba de Cristo. Temblaron de miedo y cayeron como muertos (ver Mateo 28:4). Cuando Daniel vio de manera inusual una criatura semejante al hombre de apariencia brillante, se quedó sin fuerzas y desvalido (ver Daniel 10:8). Aun los que no vieron la visión temblaron. Una extraña sensación provocó que huyeran atemorizados de la presencia de Daniel. Si es la voluntad de Dios, los animales pueden ver ángeles y dudar o caer, como sucedió con la burra de Balán (ver Números 22:26-28, 31).[11]

P: ¿Por qué Jesús no murió por los pecados de los ángeles caídos?

R: Muchos teólogos sugirieron que la diferencia principal entre

11. Fred Dickason, *Los ángeles: escogidos y malignos*, Grand Rapids, MI, Editorial Portavoz, 1995.

humanos y ángeles es que los ángeles no son una raza de seres. Los humanos somos una raza de seres, nos reproducimos, morimos y tenemos una corriente sanguínea en nuestro cuerpo. En Filipenses 2 nos dice que Jesús, cuando vino a morir por nosotros, se volvió parte de la raza humana. Romanos 5 habla de cómo Jesús estableció una nueva corriente sanguínea. Ahora, en la Tierra hay dos razas, aquellos que permanecen en la línea de sangre de Adán, el primer hombre que cayó, y los que están en la línea de sangre del segundo Adán, Jesucristo (ver 1 Corintios 15:44-49). Esta es la razón por la que somos nuevas criaturas y por la que 2 Pedro 1:4 habla de nosotros como participantes de la naturaleza divina. Como parte de una raza, Jesús pudo morir una vez y para siempre (ver Hebreos 10:10) y establecer una nueva raza.

Cada uno de los ángeles, sin embargo, es una creación individual. No tienen una línea de sangre (tal vez ni siquiera tengan sangre) y no se reproducen. Si Jesús tuviese que morir por sus pecados, habría tenido que morir por cada ángel caído en forma individual, una y otra vez, quizá millones de veces, para poder morir y resucitar por cada uno de ellos.

P: ¿Sería desequilibrado enfocarnos demasiado en los ángeles?

R: Pasé muchos años escribiendo este libro y por momentos me sentí un poco extraño al escribir tanto sobre el reino espiritual y los ángeles. De hecho, se produjo un gran alboroto en ciertos círculos de la Iglesia en contra del movimiento profético y sus enseñanzas enfocadas en el reino angelical. Busqué al Señor para saber si estábamos en desequilibrio al hablar y enfocarnos en los ángeles. La respuesta que recibí de Él fue sorprendente.

Esencialmente, el Señor me mostró que la raíz de este asunto, para aquellos que tienen problemas con el tema de hablar acerca de los ángeles y del reino espiritual, es que no comprenden de forma precisa lo que es un cristiano. El Señor me llevó a Hebreos 1.

> *Así llegó a ser superior a los ángeles en la misma medida en que el nombre que ha heredado supera en excelencia al de ellos. Porque, ¿a cuál de los ángeles dijo Dios jamás:* ***"Tú eres mi hijo; hoy mismo te he engendrado"; y en otro pasaje: "Yo seré su padre, y él será mi hijo"?*** *Además, al introducir a su Primogénito en el mundo, Dios dice:* ***"Que lo adoren todos los ángeles de Dios".*** *En cuanto a los ángeles dice:* ***"Él hace de los vientos sus ángeles, y de las llamas de fuego sus servidores".*** *Pero con respecto al Hijo dice:* ***"Tu trono, oh Dios, permanece por los siglos de los siglos, y el cetro de tu reino es un cetro de justicia. Has amado la justicia y odiado la maldad; por eso Dios, tu Dios, te ha ungido con aceite de alegría"*** *(...). ¿A cuál de los ángeles dijo Dios jamás:* ***"Siéntate a mi derecha, hasta que ponga a tus enemigos por estrado de tus pies"?*** *¿No son todos los ángeles espíritus dedicados al servicio divino, enviados para ayudar a los que han de heredar la salvación?*
>
> —HEBREOS 1:4-9,13-14, ÉNFASIS AÑADIDO POR EL AUTOR

La Iglesia entiende que Jesús es más grande y superior que los ángeles, pero hubo confusión con respecto a si nosotros somos superiores a los ángeles o viceversa. La respuesta es simple: si estás en Cristo, entonces eres superior a los ángeles. Si debemos estar *"...escondidos con Cristo en Dios"* (Colosenses 3:3), y si permanecemos en Él, entonces Él permanecerá en nosotros (ver Juan 15:4). Cristo es superior a los ángeles y nosotros permanecemos en Él; de modo que estamos en un lugar más alto que los ángeles.

Muchos otros pasajes vierten luz sobre el concepto de que los ángeles son inferiores a los creyentes. El apóstol Pablo nos dice que juzgaremos a los ángeles: *"¿No saben que aun a los ángeles los juzgaremos? ¡Cuánto más los asuntos de esta vida!"* (1 Corintios 6:3). El libro de Hebreos nos dice que los ángeles fueron enviados para servir a los creyentes: *"¿No son todos los ángeles espíritus dedicados al servicio divino, enviados para ayudar a los que han de heredar la salvación?"* (Hebreos 1:14). Si este es el caso, consideremos las palabras de Jesús: "... *ningún siervo es más que su amo..."* (Juan 15:20). Claramente, este es solo un ejemplo de los muchos versículos que muestran que en el Reino de los Cielos los ángeles no están en una posición superior a la de un creyente. Si nos distraemos tratando de entender a los seres como los ángeles que ocupan un lugar inferior, entonces claramente no hemos alcanzado a comprender el Reino del cual somos parte.

Los cristianos necesitamos dejar de sentirnos tan impresionados por aquellos que dicen haber visto a un ángel y comenzar a darnos cuenta de que cada vez que miramos a un hermano creyente estamos viendo un ser con una naturaleza divina (ver 2 Pedro 1:4). Un cristiano tiene mucha más estatura que cualquier ángel. Cuando miro a un hermano creyente, estoy literalmente mirando a la única clase de ser a la que se le ha dado la misma *mente de Cristo* (1 Corintios 2:16). De hecho, Las Escrituras dicen que se nos ha dado tan alto nivel de percepción en el Reino de los Cielos que "... *Aun los mismos ángeles anhelan contemplar esas cosas*" (1 Pedro 1:12). Un creyente vive simultáneamente en tres mundos, porque existe en el reino físico, el reino espiritual, y las regiones celestiales con Cristo (ver Efesios 2:6).

Consideremos lo siguiente: en el principio sólo existía Dios; entonces, en algún punto, Él creó los ángeles. Este fue el primer acto de la creación. Luego Dios creó la Tierra y sus habitantes: Este fue el segundo acto de la creación. El tercero y más reciente acto de la creación en toda la eternidad pasada, fue cuando por medio de la línea sanguínea de Cristo Dios creó nuevas criaturas en Cristo Jesús (ver 2 Corintios 5:17). Tú, como una nueva criatura en Cristo, literalmente eres la más reciente creación que Dios haya hecho en toda su historia, y nosotros somos la única cosa nueva sobre este viejo planeta. Fuimos dejados en este planeta como embajadores, sacerdotes, reyes y oráculos, para moldear y transformar este planeta hasta que Dios vuelva y produzca su cuarto y último acto de creación, dándonos un cielo nuevo y una Tierra nueva, que son más adecuadas para que habiten junto a Él eternamente estas tan asombrosas nuevas criaturas.

Hasta que nuestra perspectiva cambie para poder vernos a nosotros mismos y uno al otro apropiadamente a través de los ojos de Dios, seguiremos estando demasiado impresionados por aquellos que han visto a ángeles y que operan en el reino espiritual. El reino espiritual necesita ser desmitificado y comprendido por el cristiano promedio, teniendo en mente que el cristiano promedio es mucho más asombroso de lo que nos han hecho creer.

Una palabra final

En este capítulo he respondido ocho preguntas muy difíciles e interesantes con respecto a lo angélico. Tal vez provoqué más interrogantes que han venido a tu mente mientras lo leías. Mi objetivo no era responder cada pregunta acerca de los ángeles; este libro no es un estudio profundo sobre los ángeles. Solamente quería lograr que tú, lector, sientas curiosidad y pienses en este tema. Está bien que no estés de acuerdo con mis respuestas, he tratado de no responder a partir de una preferencia o influencia personal; mi deseo es apoyar mis respuestas con fundamento bíblico. Si quieres saber más de lo que La Biblia dice acerca de los ángeles, te recomendaré especialmente, sobre todos los demás, *Los ángeles: escogidos y malignos*, de Fred Dickason.

PARTE DOS

La vista espiritual

Capítulo ocho

Discernimiento de espíritus

El DISCERNIMIENTO DE ESPÍRITUS es el más incomprendido de todos los dones espirituales. Debido a la confusión que rodea a este don, una clara enseñanza bíblica acerca del discernimiento de espíritus sería beneficiosa. El don de discernimiento de espíritus y la habilidad natural de discernir no son lo mismo. Hay muchas personas que poseen un alto nivel de sensibilidad en el ámbito natural o emocional. Según lo explica Daniel Goleman en su innovador trabajo: *Inteligencia emocional*[12], esto puede incluso ser enseñado al estado emocional por medio de una conciencia propia aumentada.

La diferencia principal es que uno de los atributos más importantes de los nueve dones espirituales listados en 1 Corintios 12 es que son todos de naturaleza sobrenatural. Por ejemplo, una "palabra de conocimiento" es algo sobrenatural, no podría ser logrado por medios naturales. Lo mismo sucede con el don sobrenatural de sanidad; sustituye las leyes del mundo natural. Esto se aplica a los nueve dones, pero aquí nuestro enfoque es en el don de discernimiento de espíritus.

En nuestra cultura, hemos aceptado que alguien tenga discernimiento, pero esa es una habilidad intuitiva natural. El don espiritual del que leemos en 1 Corintios 12 es algo único. Existe una correlación entre el discernimiento natural y el sobrenatural, y es que ambos ayudan al individuo informándole lo que sucede en la atmósfera o el ambiente que lo rodea. El discernimiento natural informa lo que pasa

12. Daniel Goleman, *Inteligencia emocional*, Editorial Kairos, 2010.

en el ámbito natural, emocional o interpersonal, mientras que el discernimiento sobrenatural informa lo que ocurre en el reino espiritual.

El discernimiento sobrenatural divide esa información en cuatro áreas diferentes:

1. La obra del Espíritu Santo.
2. La obra de lo demoníaco.
3. La obra del espíritu humano.
4. La obra de los seres celestiales.

Otra razón por la que el don de discernimiento de espíritus ha sido incomprendido es que se ha abusado de él. Muchos creen que el discernimiento de espíritus es la habilidad de saber el pecado secreto de otra persona y es utilizado como justificación para abrigar actitudes de sospecha, crítica y acusación. Las personas de buen corazón no desean obrar en esta versión distorsionada del discernimiento de espíritus.

He escuchado a importantes líderes de la Iglesia comentar que si tuviesen que escoger uno de los nueve dones del Espíritu para quitarlo, "sin duda elegirían deshacerse del don de discernimiento de espíritus, porque ningún otro don por sí mismo ha causado tanto daño al Cuerpo de Cristo". Este comentario solamente tiene sentido en el caso del mal uso de este don. Miremos más de cerca lo que es verdaderamente el don del discernimiento de espíritus.

Tres palabras raíz

En La Biblia, algunas veces, las palabras *juicio* y *discernimiento* pueden ser utilizadas como sinónimos. En el lenguaje griego hay tres raíces para la palabra *juicio*[13]. Esto nos da una fuerte y mejor comprensión de la naturaleza del discernimiento.

13. Esta información fue extraída de: W. E. Vine, *Vine Diccionario expositivo de palabras del Antiguo y del Nuevo Testamento exhaustivo*, San José, Editorial Caribe Betania, 1999.

La primera palabra raíz es el término griego *anakrino*. En el *Diccionario expositivo* de Vine, el significado básico de este vocablo es "la habilidad de distinguir". Deberíamos obrar siempre bajo este tipo de discernimiento. *"El que no tiene el Espíritu no acepta lo que procede del Espíritu de Dios, pues para él es locura. No puede entenderlo, porque hay que discernirlo* [anakrino] *espiritualmente"* (1 Corintios 2:14).

La segunda palabra raíz en griego es *dokimazo*, cuyo significado principal es "testear o probar". *"¡Hipócritas! Sabéis distinguir* [dokimazo] *el aspecto del cielo y de la tierra; ¿y cómo no distinguís* [dokimazo] *este tiempo?"* (Lucas 12:56, RVR60).

Esta acepción de discernimiento a veces es la apropiada para un cristiano. Por ejemplo, nos dice La Biblia que probemos los espíritus (ver 1 Juan 4:1) o que juzguemos nuestras profecías (ver 1 Tesalonicenses 5:21, RVR60).

La tercera palabra raíz para juicio es, en griego, *krino*, que quiere decir "condenar". ¡Este nunca es el rol de un cristiano! Debemos distinguir el bien del mal, e incluso a veces tenemos que testear y probar, pero la condenación se encuentra fuera de los límites para el cristiano. *"No juzguen* [krino] *a nadie, para que nadie los juzgue* [krino] *a ustedes. Porque tal como juzguen* [krino] *se les juzgará* [krino], *y con la medida que midan a otros, se les medirá a ustedes"* (Mateo 7:1-2).

De estas tres palabras raíz, aprendemos que hay dos tipos de juicio que son buenos y uno que no lo es. A medida que nos movemos en discernimiento, necesitamos recordar que Jesús dijo que debemos juzgar con *justo* juicio. *"No juzguen por las apariencias; juzguen con justicia"* (Juan 7:24).

Las cuatro categorías

Debido a la falta de enseñanza bíblica, el don de discernimiento de espíritus ha sido incomprendido en la Iglesia, confundido con la crítica, la sospecha y la condenación. La verdad es que se trata de un don sobrenatural del Espíritu Santo que debe ser operado por medio del amor. Existen cuatro tipos de espíritus que se pueden discernir: el Espíritu Santo, espíritus celestiales, el espíritu humano y espíritus demoníacos. El discernimiento de espíritus nos ayuda para saber con cuál de estos cuatro espíritus interactuamos.

1. El Espíritu Santo

Durante la gran confusión en el día de Pentecostés (Hechos 2), Pedro, teniendo activado el don de discernimiento de espíritus, se levantó frente a la multitud y declaró que lo que sucedía era un mover del Espíritu Santo. En Hechos 8, la Iglesia envió a Pedro y a Juan a ver a los samaritanos que creyeron por la palabra de Felipe. Por parte de Pedro, el discernimiento era necesario para reconocer que lo que sucedía con Felipe era obra del Espíritu Santo. Fueron necesarios la obediencia y el discernimiento para traer salvación y bautismo en el Espíritu Santo a la casa de Cornelio. Cuando Dios te muestra algo que está fuera de tu zona de comodidad, normalmente se requiere la utilización del discernimiento de espíritus para aceptar una nueva verdad.

Juan el Bautista también pudo discernir la presencia del Espíritu Santo antes de bautizar a Jesús:

> *Juan declaró: "Vi al Espíritu descender del cielo como una paloma y permanecer sobre él. Yo mismo no lo conocía, pero el que me envió a bautizar con agua me dijo: 'Aquel sobre quien veas que el Espíritu desciende y permanece, es el que bautiza con el Espíritu Santo'. Yo lo he visto y por eso testifico que este es el Hijo de Dios".*
>
> —JUAN 1:32-34

Otro ejemplo de discernimiento de la presencia del Espíritu Santo es el de mi esposa, Karen Welton:

> Una noche, un grupo de siete u ocho de mis amigos y yo nos reunimos en la casa de uno de nosotros. Originalmente planeábamos jugar

a juegos de mesa, pero yo sentí ganas de hacer algo diferente. Tuve un persistente deseo de invitar a la presencia de Dios a la habitación, así que sugerí que escucháramos alguna música de adoración. Podía sentir que la atmósfera estaba impregnada con el potencial de una visitación. Mi amigo puso algo de alabanza y la presencia del Señor llenó el living. Nos encontramos con la cara en el suelo adorando a Jesús.

En el espíritu, vi agua que llenaba ese living. Comenzó con solo un par de centímetros de profundidad mientras todos estábamos postrados en el suelo, pero el agua fue subiendo y haciéndose más profunda a medida que adorábamos. Me di cuenta de que había presencia de ángeles en el lugar, siete en total. En el medio de la habitación, sentí que había algo diferente. Pensé: "Debe haber un gran ángel de pie en ese lugar, porque siento que algo poderoso parece arremolinarse en el centro". Intenté discernir qué clase de ángel podría ser este que era poderoso y por qué era diferente de los otros. Pero comprendí que no era ningún ángel, era un torbellino de agua de alrededor de 1,5 metros de ancho formando un poderoso remolino que fluía desde lo alto llenando la habitación. Veía la presencia manifiesta del Espíritu Santo.

A esta altura, el agua había sobrepasado el nivel de nuestras cabezas y yo me moví hacia el centro del torbellino y permanecí postrada de cara al suelo. En diez minutos, y sin que yo hubiese dicho nada, otras tres personas se corrieron y se postraron en medio del living conmigo. El agua se hacía más profunda a medida que la fuente de poder fluía llenando la habitación con más líquido. ¡Dios estaba derramando literalmente su Espíritu sobre nosotros!

A este punto el agua había llegado mucho más arriba de nuestras cabezas. Vi a uno de mis amigos ponerse de pie en medio de la habitación y poner una mano plana sobre el nivel de agua que yo había visto en el espíritu, justo sobre su cabeza. Lo miré incrédula y le dije: "¡Ese es exactamente el lugar donde está el nivel del agua! ¿Ves también el torbellino de agua?". Nadie había dicho nada en todo ese tiempo y yo no sabía si alguien más había visto el agua que llenaba el living en el reino espiritual.

Mi amigo dijo: "Hay una columna de agua en este preciso lugar, y es así de alta; en la parte superior de la columna de agua hay una columna de fuego que baja desde el cielorraso. Si pones tu mano aquí podrás sentir un cambio en la presión". Él mantuvo su mano plana en el aire, balanceándola un poco con el agua. Yo sabía sobre la gran columna de agua, pero no me había dado cuenta de que había una columna de fuego sobre ella.

Muchos de nosotros pusimos nuestras manos al mismo nivel y pudimos sentir el leve cambio en la presión justo donde la columna de agua se volvía columna de fuego.

Mi amigo Ben Valence compartió una de sus experiencias de discernimiento de la presencia del Espíritu Santo:

> Era como cualquier otra semana en el grupo de jóvenes, cuando, durante la adoración, el Señor me pidió que hiciera algo. Cuando accedí, Él me dijo que tenía en mis manos un balde y que debía ir y verter algo sobre cada persona. Sintiéndome algo tonto, me dirigí hacia Jon y le dije lo que el Señor me había dicho, y él me indicó que lo hiciera. Fui por toda la iglesia mientras derramaba algo sobre la gente, pensando que me veía como un loco.
>
> Cuando volví adonde Jon estaba, le pregunté qué veía. Me maravillé cuando me dijo que había dos ángeles grandes sobre la plataforma y que había agua que corría sobre el escenario y caía sobre todo el santuario. El agua estaba mezclada con aceite, y solo era profunda hasta los tobillos, y aun las personas que estaban postradas en el suelo alabando al Señor no estaban completamente sumergidas en ella. Yo, en realidad, caminaba alrededor con el balde recogiendo el agua y el aceite y lo volcaba sobre cada uno allí. Aunque parecía tonto en el ámbito físico, estaba haciendo algo en el reino espiritual que era mucho más profundo. Todo lo que el Señor me dijo es que tenía un balde, pero yo le creí y obedecí, y luego de escuchar lo que sucedía en el reino espiritual, estoy muy feliz de haberlo hecho.

2. Espíritus celestiales

La Biblia está llena de referencias a ángeles y otras criaturas celestiales. Algunos de los más claros ejemplos del funcionamiento del discernimiento podrían incluir a Eliseo cuando vio las huestes celestiales mientras que su criado no las veía (ver 2 Reyes 6), o la burra de Balán que vio al ángel en el camino tres veces antes de que los ojos de Balán fuesen abiertos (ver Números 22). Cuando esta operación de discernimiento toma lugar, un individuo puede ser consciente de la presencia de espíritus celestiales mientras otros, que se encuentran a su alrededor, no los perciben. Esto sucedió varias veces en La Palabra, como cuando el Padre estaba hablándole a Jesús y los que estaban cerca solo escuchaban truenos (ver Juan 12:28-29). Otro ejemplo es cuando Jesús arrojó a Pablo de su burro y los soldados que estaban con él no sabían qué estaba sucediendo (ver Hechos 9:7).

Un día en otoño, conducía hacia mi casa después del trabajo cuando vi un ángel grande vestido de púrpura que apareció muy abruptamente en el camino frente a mí. Tenía una gran espada, la cual empuñó con ambas manos y me apuntó. Lo escuché decirme en mi espíritu: "¡Baja la velocidad ahora!". No era un pedido, sino más bien una orden. Tan pronto como lo vi en púrpura pensé para mí mismo: "Púrpura es un color de la realeza, así que esto debe ser importante". Bajé la velocidad inmediatamente. Cuando llegué al punto en el cual él había estado parado, había una curva muy cerrada con la que yo ya estaba familiarizado. La única diferencia era que el auto que había pasado antes que yo se había detenido por completo al otro lado de la esquina ciega. Si no hubiese disminuido la velocidad, me habría estrellado contra ese coche a 70 u 80 kilómetros por hora, muy seguramente matando a los pasajeros del otro auto y, probablemente, matándome también.

Ángeles de suministros

En otro momento, cerca de Navidad de 2002, asistí a una conferencia con alrededor de 6.000 jóvenes en Niagara Falls, Nueva York. Durante la adoración, empecé a ver algo que nunca había visto. En el medio del centro cívico repleto de gente, vi cuatro ángeles enormes, fácilmente tendrían unos 30 metros de altura o más. Cada uno de ellos tenía un hierro de marcación en la mano. Al principio no podía ver lo que decía el hierro, pero entonces empezaron a utilizarlos en individuos específicos. Ubicaban el hierro de marcación de un lado al otro del pecho de una persona y dejaban una marca en ellos. Vi palabras como: *santificado, santo en el Señor, nazareo* y *profeta a las naciones.* Pude ver estas marcas en diferentes individuos por el resto de la conferencia. En raras ocasiones suelo cruzarme con individuos que tienen estas marcas en su pecho. No quiere decir que estuvieron específicamente en ese encuentro, sino que creo que esto ocurre muchas veces y en muchos lugares como dando comisión, similar a Isaías 6, cuando el ángel consagró a Isaías con el carbón encendido.

Hace un par de años Karen y yo fuimos a una conferencia en Columbus, Ohio. Allí había varios ministros proféticos reconocidos como oradores. Cuando uno de ellos terminó su mensaje y comenzó el tiempo de ministración, vi algo muy inusual. El ministro dijo que Dios iba a comisionar cinco ministerios esa noche. Cuando dijo esto, apareció un gran ángel cerca del frente del santuario. Este ángel de 4 a 6 metros de altura tenía escrita en su pecho la palabra *suministros.* Estaba parado correctamente con telas colgadas de su brazo, que sostenía frente a él, evocando a un camarero en un restaurante de moda. El ministro había puesto a toda la congregación en una fila hacia el frente para imponer las manos sobre ellos. Al hacer esto, el "ángel de suministros" ponía una de sus telas sobre los hombros de individuos específicos. Una vez que la prenda era dejada sobre la persona, yo podía leerla. En las telas se leía *apóstol, profeta, evangelista, pastor* o *maestro.* El Señor me dio entendimiento y supe que eran mantos que Él ponía sobre sus líderes para el servicio y el equipamiento de su Iglesia.

3. El espíritu humano

El libro de los Hechos contiene muchos ejemplos claros de la operación de este discernimiento. Por ejemplo, Pedro confronta a Simón, el hechicero, por las malas motivaciones de su corazón, y a Ananías y a Safira por su mentira, y Pablo confronta a Elimas, el hechicero, por su malvado corazón. En otros libros encontramos a Pablo que confronta a Pedro por su hipocresía, a Jesús hablando de la naturaleza de Natanael cuando recién lo conoce, y las muchas veces que Jesús percibe los pensamientos de otros. Todos estos son ejemplos claros de discernimiento de espíritus que se pone en funcionamiento para discernir el estado del alma o el espíritu humano.

En una ocasión, cuando oraba por los enfermos, vi algo único acerca de la mujer por la que estaba a punto de orar. Antes de que ella me dijera cuál era la enfermedad que sufría, vi lanzas clavadas en su cuerpo como provenientes de todas direcciones. Me pareció que ella estaría bien si no se movía, pero que cualquier persona que se le acercara le causaría dolor al tocar sin querer las lanzas en el reino invisible.

La mujer me dijo que tenía ansiedad, depresión, fatiga crónica, fibromialgia, virus de Epstein-Barr y muchas otras dolencias similares. Le describí lo que había visto en el espíritu y me dijo que lo que vi la describía perfectamente. Literalmente no quería que pusiera las manos sobre ella cuando orara porque esto le provocaría dolor.

Algunas de las lanzas tenían algo escrito que explicaba qué eran o cómo habían llegado hasta allí (tales como odio, decepción o miedo). Pasamos un tiempo para perdonar personas que la habían herido, liberar maldiciones verbales y tratar muchos asuntos del corazón. A medida que procesábamos estos asuntos, las lanzas eran removidas en el espíritu. Esa noche, al momento de terminar, ella fue capaz de darme un gran abrazo sin dolor. Más tarde recibí un correo electrónico del líder del grupo testificando que esta persona había logrado un avance muy grande en su sanidad.

Considera cuántas veces la Iglesia leyó el siguiente pasaje y todavía seguimos pasando por alto una clave importante en lo que respecta al discernimiento. *"Además de todo esto, tomen el escudo de la fe, con el cual pueden apagar todas las flechas encendidas del maligno"* (Efesios 6:16). El maligno dispara flechas espirituales (no literales) a los creyentes. Con frecuencia veo creyentes infestados de flechas del maligno; necesitamos discernir en este ámbito para que podamos traer sanidad unos a otros.

El Señor me dio entendimiento acerca de la razón por la cual veo en el espíritu tantas espadas, lanzas y otras armas clavadas en las personas. En Efesios 6:17 vemos que cuando las palabras están en manos del Espíritu Santo, esas palabras son la espada del Espíritu Santo: *"... la espada del Espíritu, que es la palabra de Dios"*.

Esto indica simplemente que *en el espíritu, las palabras son iguales a espadas*, de modo que con nuestras bocas también controlamos espadas. Podemos usar nuestras palabras con el Espíritu Santo como un escalpelo para traer sanidad y restauración a la vida de otros, o podemos utilizar las palabras de una forma destructiva que espiritualmente apuñala y perjudica otros. *"El charlatán hiere con la lengua como con una espada, pero la lengua del sabio brinda alivio"* (Proverbios 12:18).

Es común para mí ver objetos clavados en las personas, estos objetos representan heridas emocionales y palabras que han sido dichas contra ellas. A menudo estos objetos bloquean la habilidad de las personas para recibir la sanidad física que necesitan. Con frecuencia lo único que hace falta es el perdón. Otras veces, es preciso que las palabras que se dijeron en su contra sean rechazadas, refutadas o condenadas (ver Isaías 54:17). Esta es una manera en la que el discernimiento de espíritus puede operar para traer sanidad emocional y física.

Otro ejemplo de discernimiento del espíritu humano es el de mi amigo Ben Valence.

He tenido problemas en mi espalda por más de cinco años. Cada seis meses o cada año mi espalda se dañaba, y el dolor era tan intenso que tenía que tomarme una licencia de un mes en mi trabajo. Me dolía tanto que apenas lograba levantarme de la cama, incluso con ayuda. Además de los problemas en la espalda, tenía fiebre y otras enfermedades aleatorias. Finalmente tuve una consulta con el doctor, pero no pudo determinar la causa de mis problemas. Llegué al punto en el que tenía fiebre una vez por semana y perdía el sueño. Una noche estábamos en la casa de Jon en un tiempo de adoración y oración. Jon nos guió en un momento de activación, orando por cada uno de nosotros. Mientras yo estaba de pie en el medio con mis ojos cerrados, todos los demás se ubicaron detrás de mi y decían: "Está justo aquí, ¿lo sientes?". Mientras decían esto, me di cuenta de que algo perforaba mi espalda y me atravesaba el pecho y el estómago. Podía sentir que lo empujaban hacia adentro y afuera, y el dolor era terrible. Les pregunté qué hacían y les pedí que se detuvieran porque me lastimaban. Me respondieron que veían algo en el aire detrás de mi espalda. Cuando Jon puso su mano en el aire y presionó este objeto invisible, pude sentir que él tocaba algo que yo no podía ver físicamente con mis ojos, pero que definitivamente sentía en lo natural, atravesando mi carne. Luego de preguntarle al Señor qué fue lo que causó la aparición de este objeto, el cual parecía ser una lanza o espada, nos detuvimos y oramos. Entonces Jon tomó la espada (en el reino invisible) y lentamente la quitó de mi espalda. Mientras lo hacía, sentí que el filo de la hoja se deslizaba a través de mi pecho y luego a través de mi espalda. Después de remover el objeto de mi cuerpo, oró por mí nuevamente. Tan pronto como la hoja de la espada fue quitada sentí un alivio sobre todo mi cuerpo y una paz inundó mis sentidos. Al despertar a la mañana siguiente, no podía creer lo bien que me sentía. Desde aquella noche la fiebre y toda otra enfermedad habían desaparecido, pero lo mejor de todo es que ya no tuve ningún problema con mi espalda. Dios es tan bueno. Mi espalda ha sido sanada desde 2005.

El alma y el espíritu humanos, ¿son esencialmente buenos o malos?

Hay una enseñanza en la Iglesia que ha causado mucha confusión en la forma en que vemos el alma y el espíritu humanos. Esta enseñanza dice que el espíritu de un creyente es perfeccionado, pero el alma y el cuerpo de un creyente son "carnales". De esto deriva la creencia de que el mundo físico es malo y que solo las cosas espirituales son buenas. Bíblicamente, existen dos defectos fundamentales en la creencia de que el espíritu humano es siempre bueno y que el alma es siempre mala.

En primer lugar, La Biblia declara que el espíritu de un creyente todavía puede ser profanado después de la salvación. *"Por tanto, amados, teniendo estas promesas, limpiémonos de toda inmundicia de la carne y del espíritu, perfeccionando la santidad en el temor de Dios"* (2 Corintios 7:1, LBLA). Esto contradice la idea de que el espíritu de un creyente ya fue perfeccionado.

Segundo, el Señor nunca condenó al alma humana como algo malo. De hecho, Él creó el alma humana antes de la caída de la humanidad. Adán y Eva tenían alma y era algo bueno. El alma humana no es inherente a la maldad, de lo contrario no habría existido en el Edén.

Cuando en Hebreos 4:12 dice que La Palabra de Dios divide el alma y el espíritu, no se refiere a que La Palabra divide el alma *del* espíritu como si uno fuese bueno y el otro malo. La Palabra divide a *ambos*, el alma y el espíritu. Muchos han enseñado que la "carne" está compuesta por el alma y el cuerpo. Esto pone al espíritu en conflicto contra el alma y el cuerpo; esta es una división de la que Dios nunca tuvo la intención.

Entonces, ¿qué es la carne? La *carne* es la naturaleza carnal del espíritu, del alma o del cuerpo. Imagina tres círculos en una hilera que representan el cuerpo, el alma y el espíritu. Siguiendo el entendimiento anterior, la espada de La Palabra divide verticalmente el alma y el cuerpo *del* espíritu. La forma correcta de entenderlo es que la espada se encuentre horizontalmente atravesando los tres círculos al mismo tiempo. Las tres mitades de los círculos *debajo* de la espada forman la "carne", mientras que las tres mitades que quedaron sobre la espada representan el piadoso caminar del espíritu.

En una aplicación práctica, cuando discernimos el espíritu o alma humana, podemos distinguir las cosas buenas acerca de alguien que residen en la parte superior de la espada, o el Señor puede mostrarnos las cosas negativas que se encuentran debajo de la espada en su "carne". El discernimiento en el área del espíritu o alma humanos puede llevarnos a adquirir información tanto buena como mala en el reino espiritual.

4. Espíritus demoníacos

Existen muchos ejemplos de discernimiento de espíritus a lo largo de los Evangelios, especialmente si miramos más de cerca las sanidades milagrosas de Jesús. Por ejemplo, consideremos una vez más esta historia bien de cerca:

> *Y estaba allí una mujer que por causa de un demonio llevaba dieciocho años enferma. Andaba encorvada y de ningún modo podía enderezarse. Cuando Jesús la vio, la llamó y le dijo: "Mujer, quedas libre de tu enfermedad". Al mismo tiempo, puso las manos sobre ella, y al instante la mujer se enderezó y empezó a alabar a Dios.*
>
> —LUCAS 13:11-13

En el reino físico, lo único que podía saberse era que la mujer estaba encorvada y que había estado así por 18 años. Con el don de discernimiento de espíritus en funcionamiento, Jesús identificó la raíz que causaba esa condición como un *espíritu de enfermedad.* Repetidamente, la obra del discernimiento de espíritus es pasada por alto, pero es utilizada claramente a lo largo de toda La Palabra.

Un cuarto de baño embrujado

Una de las semanas que estuve en Brasil en 2002, nuestro equipo se alojó en un hotel muy lindo de cuatro estrellas. El único problema era que mi cuarto de baño estaba embrujado. En serio, el dormitorio estaba bien, dormí bien y no tuve pesadillas. Pero cuando estaba en la ducha, algo extraño comenzó a suceder. La ducha estaba rodeada por cuatro mamparas de vidrio. Desde el principio tuve una sensación escalofriante con respecto a ese baño, pero no fue sino hasta que abrí la llave del agua que todo se intensificó. Cuando entré en la ducha y abrí el grifo, en lo natural no pasó nada fuera de lo común, pero mi vista espiritual veía el agua como si fuera sangre. En lugar de ver agua salpicando las mamparas, veía sangre manchando y chorreando por el vidrio. Era absolutamente aterrador. Tuve la sensación de que alguien había sido apuñalado hasta morir en esa ducha. Se lo dije a mi compañero de habitación; oramos por el baño durante toda la semana y para el final de la semana las sensaciones que tenía y lo que veía habían disminuido considerablemente. Este fue uno de los primeros encuentros que tuve de este tipo, así que, aunque no fue una victoria muy importante, esa semana aprendí mucho. Al final, no sé si alguien fue realmente asesinado en ese lugar o si el espíritu de temor nos estaba acosando.

Otro ejemplo de discernimiento y del reino demoníaco es el que cuenta mi amigo Ben Valence:

> Algunos de nosotros nos habíamos reunido en la casa de Jon para tener una noche de oración y adoración cuando el Señor puso en mi corazón que saliera. En cuanto di un paso fuera de la puerta, Él me dijo que me quitara los zapatos y las medias y que saliera a caminar. Me pareció un poco raro, pero seguí sus instrucciones. Me maravillé cuando descubrí que tenía los sentimientos y sensaciones de lo que sucedía en el espíritu en cada casa por la que pasaba. Es difícil para mí explicar a lo que me refiero; era como sentir con los pies en lugar de hacerlo con las manos, y era asombroso. Aunque hacía frío afuera, podía sentir calor subiendo entre los dedos de mis pies y por mis piernas en las casas donde el Espíritu Santo se movía. A medida que continuaba, lo que sentía se hacía más intenso hasta que finalmente llegué a un puente. El puente cruzaba hacia el lado oriental de la ciudad, y luego de pasar al otro lado del puente pude sentir que la atmósfera cambió para peor. No sólo sentí a los demonios, sino que incluso pude oírlos burlándose y silbando. Me di la vuelta y corrí

todo el camino de regreso a la casa de Jon. Fue una experiencia muy intensa que estará grabada en mi memoria para siempre.

Lo que no es el discernimiento de espíritus: No es un don de crítica

Hay muchas personas que no toman ninguna responsabilidad por las críticas que hacen sobre otros con el pretexto de que ellos "disciernen esto y aquello". El hecho es que siempre somos responsables por nuestras palabras porque *"... de la abundancia del corazón habla la boca"* (Mateo 12:34). Si calumniamos, murmuramos, deshonramos o difamamos a alguien, tenemos que parar y arrepentirnos. Ten cuidado de no hacer del discernimiento de espíritus algo desagradable para otros al representarlo erróneamente de este modo. Generalmente cuando la crítica y los reclamos sobre otros toman lugar, el discernimiento no está en acción. Donde hay falta de oración, la queja llenará ese vacío.

No es un don de sospecha

Ya sea por causa de alguna herida emocional o por una mala experiencia que tuvimos en el pasado con una persona, fácilmente podemos resbalar en la sospecha. En 1 Corintios dice que el amor *"... no toma en cuenta el mal recibido"* (1 Corintios 13:5, LBLA). La mayoría de las veces, la sospecha se construye en base a un recuerdo de alguna clase, puede ser por una experiencia vivida de primera mano o por un chisme, lo que nos cuenta alguien más. Si vamos a mirar a la gente a través de los ojos de Jesús, no podemos llevar un registro de las equivocaciones y sospechar de los errores de otros, por nuestro propio bien y para tener un discernimiento claro, así que perdona lo que recuerdas y arrepiéntete por haber retenido ese recuerdo.

No es un don de manipulación

Esta es una cuestión de motivos. Cuando alguien dice: "Siento que debes hacer esto y aquello", conlleva más peso que si hubiese dado simplemente su opinión. Si no escucha realmente al Espíritu Santo y habla por discernimiento, entonces lo que en realidad hace es utilizar el nombre de Dios en vano. Mi definición de utilizar el nombre de Dios en vano es poner el peso de lo que "Dios dijo" detrás de algo que Él en verdad no dijo.

Esto también sucede a menudo con el don de profecía. Lamentablemente, las personas que sienten que no serán escuchadas, a veces hacen parecer como que el Señor les dio una "palabra" o discernimiento. Este es un terreno peligroso. Estos dones no deben ser utilizados para controlar o manipular a otros. Los dones deben utilizarse para edificar la Iglesia (1 Corintios 12:7) no para derribarla.

No es un don de condenación

Romanos 8:1 dice: *"Por lo tanto, ya no hay ninguna condenación para los que están unidos a Cristo Jesús"*. Yo diría que, dado que no hay condenación para nosotros, entonces no deberíamos tener ninguna en nosotros para otros. No somos portadores de condenación, vemos el mundo a través de los ojos de Jesús y Él es quien dijo que no vino para condenar al mundo. *"Dios no envió a su Hijo al mundo para condenar al mundo, sino para salvarlo por medio de él"* (Juan 3:17). El trabajo de un cristiano nunca es el de condenar.

No es "solo una herramienta para liberación"

Este es un malentendido muy común. A muchos en la Iglesia se les ha enseñado a relegar el don de discernimiento de espíritus solamente para el ministerio de liberación. Yo creo que esto ha provocado que este don sea minimizado e ignorado.

Lo cierto es que este don comprende cuatro categorías diferentes de espíritus, y solo una de ellas es la de demonios. Tenemos una necesidad importante de este don en cada una de estas cuatro áreas, y decir que se relaciona solo con la liberación es un desperdicio.

¿Qué sucede si realmente discierno algo negativo sobre alguien?

Es verdad que un pequeño porcentaje de discernimiento de espíritus arrojará como resultado partes negativas o pecados de otros individuos. Debemos procesar apropiadamente esta información. De ninguna manera esta debe convertirse en calumnia. La única razón por la que el Espíritu Santo te confía esto a ti es para que, o bien ores por esa persona, o para que la ayudes a llegar a la sanidad (Gálatas 6:1-2). El mejor ejemplo de esto se encuentra en Juan 4, en la historia de Jesús cuando habla con la mujer samaritana en el pozo. Él no la condenó, utilizó amor puro. Le habló directamente *a ella*. No la acusó frente a otros.

> *"Ve a llamar a tu esposo y vuelve acá", le dijo Jesús. "No tengo esposo", respondió la mujer. [Jesús le dijo] "Bien has dicho que no tienes esposo. Es cierto que has tenido cinco, y el que ahora tienes no es tu esposo. En esto has dicho la verdad". "Señor [dijo la mujer], me doy cuenta de que tú eres profeta".*
>
> —JUAN 4:16-19

Cinco filtros

¿Cómo trabajamos con el discernimiento para diferenciar el bien del mal? Para responder a esta pregunta, tendremos en cuenta cinco filtros que pueden ayudarnos a entender lo que nos quiere decir nuestro discernimiento.

1. **De acuerdo con La Escritura.**

   Debido a que hay tantas enseñanzas falsas, opiniones personales y teologías lisa y llanamente malas en existencia, ¿cómo sabremos lo que es correcto y lo que está mal? La Biblia es inconmovible, es verdad que no cambia, y todo lo demás tiene que ser comparado con La Palabra, según lo que dice en los siguientes pasajes:

> *Esto ha venido a confirmarnos la palabra de los profetas, a la cual ustedes hacen bien en prestar atención, como a una lámpara que brilla en un lugar oscuro, hasta que despunte el día y salga el lucero de la mañana en sus corazones.*
>
> —2 Pedro 1:19

> *Las palabras del Señor son puras, son como la plata refinada, siete veces purificada en el crisol.*
>
> —Salmo 12:6

2. **No es fruto de la fuente.**

"Cuídense de los falsos profetas. Vienen a ustedes disfrazados de ovejas, pero por dentro son lobos feroces. Por sus frutos los conocerán. ¿Acaso se recogen uvas de los espinos, o higos de los cardos?" (Mateo 7:15-16).

Si el fruto es en naturaleza igual al fruto del Espíritu, entonces tal vez Dios es la fuente. Gálatas 5:22-23 nos dice la naturaleza de los frutos de Dios: *"En cambio, el fruto del Espíritu es amor, alegría, paz, paciencia, amabilidad, bondad, fidelidad, humildad y dominio propio. No hay ley que condene estas cosas"*.

3. **La unción del Espíritu Santo nos guiará hacia la verdad.**

> *Todos ustedes, en cambio, han recibido unción del Santo, de manera que conocen la verdad (...). Estas cosas les escribo acerca de los que procuran engañarlos. En cuanto a ustedes, la unción que de él recibieron permanece en ustedes, y no necesitan que nadie les enseñe. Esta unción es auténtica —no es falsa— y les enseña todas las cosas. Permanezcan en él, tal y como él les enseñó.*
>
> —1 Juan 2:20,26-27

Estos versículos pueden ser confundidos como una contradicción de Efesios 4:11-13, donde Pablo establece un lugar para el rol del maestro, pero justamente este no es el caso.

En términos prácticos, si dos maestros, que se encuentran equipados de igual manera para manejar La Palabra, enseñan dos puntos de vista opuestos, la unción del Espíritu Santo puede guiarte hacia la verdad del punto de vista correcto. Agregaré una precaución, puede ser que con cualquiera de estos filtros tengas un impedimento personal para que el filtro opere apropiadamente. Tal vez fuiste criado en una iglesia que te enseñó que algo estaba mal. Cuando escuches la verdad en una predicación, es probable que no seas capaz de filtrarla correctamente debido a tu doctrina pasada. Por último, si tu discernimiento será sobrenatural, deberás ser lo suficientemente humilde como para dejar que el Espíritu Santo te cambie, te guíe y te dirija.

4. La paz de Cristo en tu corazón.

"Que gobierne en sus corazones la paz de Cristo, a la cual fueron llamados en un solo cuerpo. Y sean agradecidos" (Colosenses 3:15).

Es muy interesante que la palabra raíz de *gobernar*, en este versículo, sea la misma de la que proviene la palabra *árbitro*. En béisbol, el árbitro es el oficial que se encuentra más cerca de la base; por lo tanto, él es la persona perfecta para emitir un juicio imparcial. Él es el único que tiene la autoridad para decidir si un jugador está "a salvo" o "afuera".

De un modo similar, cuando tenemos una decisión por delante, la paz de Cristo que habita en nuestro corazón nos ayudará y nos guiará. Si eres tentado, la paz de Cristo dentro de ti se verá alterada. Si estás a punto de tomar una decisión correcta, aunque se trate de un paso de fe atemorizante, la paz de Cristo aumentará tu confianza. Cuando te encuentres frente a cualquier situación, haz una pausa, sólo por un momento, y evalúa la condición de tu paz. Permite que el Espíritu Santo te diga si estás "a salvo" o "afuera".

5. Los caminos y la naturaleza de Dios.

Si observamos la naturaleza de Dios, hay muchas cosas que son sencillas de filtrar. No está en su naturaleza aprobar abortos, homicidios, homosexualidad, adulterio, robo, mentira, brujería, enfermedad, injusticia, y otras similares. La Biblia es nuestra base para entender la naturaleza de Dios. Al separar las opiniones e inclinaciones, pueden ser halladas en La Palabra las respuestas acerca de todas las cosas en la naturaleza y los caminos de Dios.

Pasajes como este nos muestran mucho sobre los caminos y la naturaleza de Dios:

> *Alaba, alma mía, al SEÑOR, y no olvides ninguno de sus beneficios. Él perdona todos tus pecados y sana todas tus dolencias; él rescata tu vida del sepulcro y te cubre de amor y compasión; él colma de bienes tu vida y te rejuvenece como a las águilas. El SEÑOR hace justicia y defiende a todos los oprimidos. Dio a conocer* ***sus caminos*** *a Moisés; reveló* ***sus obras*** *al pueblo de Israel.*
>
> —SALMO 103:2-7, ÉNFASIS AÑADIDO POR EL AUTOR

Una palabra final acerca de los filtros

Existen muchas voces en el mundo que claman por tu atención. También es importante tener un sistema para filtrar las voces que escuchas. Deseamos ser capaces de saber claramente que escuchamos la voz del Señor y que no somos engañados por la voz de otro. Me imagino este proceso de filtrado como si tuviese un poco de lodo, pero sólo necesito el agua. Si tuviese el mosquitero de una ventana y arrojase ese lodo contra él, entonces podría evitar que una parte del lodo pasase del otro lado, pero aun así la mayoría pasaría a través de él. El mejor plan de acción sería ubicar varios mosquiteros, digamos cinco por ejemplo, recostados uno sobre otro, entonces arrojar el lodo contra ellos. De este modo obtendría una mayor parte de agua. Esta es la forma en la que imagino que estos filtros nos ayudan.

Activación

Este ejercicio puede tomar un tiempo. Toma una hoja de papel y un elemento para escribir. Ahora escribe una carta de Jesús para ti mismo. Él habita dentro de ti, así que todo lo que debes hacer es concentrarte en escucharlo hablándote y escribir una carta de lo que Él dice.

La Escritura señala que todas las palabras proféticas deben ser testeadas y probadas. El siguiente paso es examinar la carta sometiéndola a cada filtro para estar seguros de que cada oración se encuentra alineada con ellos. Si uno de los filtros es violado, tacha esa oración de la carta. Esta es una buena práctica para saber lo que tienes que hacer con cada palabra profética que recibes y cada palabra que creas que escuchas de parte de Dios.

Vuelve a la "Activación II" del capítulo 6, "El reino invisible", y aplica los cinco filtros a esa carta. Luego entrega la carta de amor y aliento a su destinatario. No importa si tienes que llamar por teléfono, enviar la carta o entregarla personalmente, no desestimes el valor de darle esto a la otra persona. No solo es bueno para hacer crecer tu don personal, sino que he descubierto que muchas personas a las que he entregado cartas, muchos años más tarde han vuelto a decirme que todavía las llevan en su mochila o que siguen leyéndolas regularmente. Puedes hacer este ejercicio en forma habitual y continuará creciendo y fortaleciendo tu fe y tu don, y entregarás bendición a otros que están a tu lado al mismo tiempo.

Capítulo nueve

Obstáculos para el discernimiento

EXISTEN MUCHAS COSAS QUE pueden impedirnos utilizar el discernimiento de espíritus de manera clara. Debemos ser protectores de aquello que permitimos a nuestros ojos ver y a nuestros oídos oír. Hay cosas que pueden vulnerarnos espiritualmente. También debemos observar nuestro corazón y nuestros motivos para que nuestra habilidad para discernir no sea deformada. Las nueve categorías que siguen son solo un ejemplo de las cosas más comunes que distorsionan el discernimiento.

Filmes de terror

Los filmes pueden estimular poderosamente la imaginación. Como aquellos que desean operar en el nivel más alto de exactitud en el discernimiento de espíritus, tenemos que ser cuidadosos del alimento con el que nutrimos nuestra imaginación. Hay cientos de filmes maravillosos que pueden ser una estupenda forma para relajarnos y serenarnos luego de un largo día, pero también existen películas muy malignas.

Los filmes que tienen como propósito asustar, causan temor, y al mantenerte en suspenso constante pueden ser de mucha influencia en tu discernimiento. Con respecto a qué películas se aplica, creo que es específico de cada persona, no una regla legalista impuesta por otros. Por ejemplo, la primera vez que me di cuenta del poder de los filmes de terror fue cuando vi "Señales", con Mel Gibson. Para la mayor parte de la gente esta no era una película de terror. Pero yo, recientemente, había recibido una poderosa impartición que había intensificado mi discernimiento, y como resultado tuve algunos encuentros aterradores con lo demoníaco después de ver este film. Cuando miramos una película por placer, nuestro espíritu está abierto y puede recibir la contaminación que no esperábamos recibir.

Sin embargo, no tengo problemas de ver filmes como "El exorcismo de Emily Rose" porque, como ministro, quiero estar al tanto de todo lo que influencia el entendimiento sobre la liberación en Estados Unidos. Cuando miro una película así, la veo como una investigación y mi corazón está resguardado. Mi criterio es personal, te recomiendo que consideres en oración cuáles filmes necesitas evitar. Las películas que inducen al miedo obstruirán tu discernimiento.

Heridas emocionales del pasado

Como humanos que vivimos en un mundo caído, tenemos la tendencia a llevar de un lado a otro mucho "equipaje" emocional. Tomamos esa carga de la familia, amigos, compañeros de trabajo y líderes de la iglesia. Este equipaje puede causar que nuestro discernimiento sea inexacto. Tenemos que asegurarnos de que nuestro corazón sea como el de Cristo para con los que nos rodean. Si algo te impide amar a otros como Jesús los ama, necesitas arrepentirte o perdonar.

Considera la respuesta emocional de Jacobo y Juan, cuando quisieron hacer caer fuego del cielo sobre el pueblo samaritano (ver Lucas 9:54-56). Jesús les dijo muy específicamente que no se daban cuenta bajo qué espíritu operan. Esto puede suceder muy fácilmente; en un momento tu discernimiento es agudo, y de repente una herida personal provoca que el discernimiento esté lejos de lo preciso.

En términos prácticos, esto sucede cuando en una habitación repleta de gente hay un individuo de quien recibiste una herida personal. La presencia de esta persona puede hacer interferencia en tu habilidad para operar con el corazón del Señor. El mejor remedio es tratar tus dolencias, ofensas y heridas extendiendo el perdón. Si al mirar a alguien que te ha lastimado tienes compasión por esa persona en tu corazón, sabrás que la has perdonado en verdad. Cuanto más sano estés emocionalmente, más saludable se encontrará tu habilidad para discernir.

Mala doctrina

La existencia de malas enseñanzas puede limitar drásticamente tu habilidad para operar en el discernimiento de espíritus. Si te enseñaron que no tienes autoridad sobre los demonios, te puedes sentir demasiado asustado como para utilizar el discernimiento. Tal vez te enseñaron que ese no es tu don y que no está disponible para ti. Quizá fuiste instruido en el ocultismo o en la Nueva Era antes de convertirte en un creyente. Todas estas cosas pueden ser impedimentos para utilizar completa y correctamente el discernimiento de espíritus. La mejor idea es encontrar enseñanzas sobresalientes y basadas en La Biblia para aclarar y mejorar tu conocimiento. Recuerda siempre permanecer lo suficientemente humilde en tus creencias para que el Espíritu Santo pueda corregirte o guiarte amablemente a una verdad mayor. Alguien dijo una vez: "Una mala doctrina es como el mal aliento; normalmente eres el último en saber que lo tienes y nadie quiere decírtelo".

Estrés interno

El estrés del trabajo, la familia, la falta de sueño, problemas de salud, finanzas, anhelos aplazados y una multitud de otros asuntos pueden interferir con nuestro discernimiento. Es imprescindible que tengamos una relación diaria y duradera con Jesús para poder manejar la tensión correctamente. Debemos operar a partir de un corazón lleno de paz. Sin esto, no seremos precisos en nuestro don de discernimiento. *"No se inquieten por nada; más bien, en toda ocasión, con oración y ruego, presenten sus peticiones a Dios y denle gracias"* (Filipenses 4:6).

Temer al hombre

> *Temer a los hombres resulta una trampa, pero el que confía en el Señor sale bien librado.*
>
> —Proverbios 29:25

Como cristianos, lo único que tenemos permitido temer es a Dios mismo. Si tenemos miedo del hombre o de las opiniones de los hombres, eso interferirá en nuestra habilidad para discernir con exactitud.

> *Respondiendo Satanás a Jehová, dijo: ¿Acaso teme Job a Dios de balde? ¿No le has cercado alrededor a él y a su casa y a todo lo que tiene? Al trabajo de sus manos has dado bendición; por tanto, sus bienes han aumentado sobre la tierra.*
>
> —Job 1:9-10 (RVR60)

El principio es este: "Lo que temes te rodeará". Si le temes al diablo, él te rodeará. Si temes al Señor, pondrá su escudo de protección a tu alrededor. Este mismo principio puede obstruir tu capacidad de discernir de manera correcta. Teme solamente al Señor, y permite que Él te rodee. Confía tu ser completamente a Dios; echa todas tus preocupaciones sobre Él porque tiene cuidado de ti (ver 1 Pedro 5:7).

Desobediencia

Cuanto más obedientes somos al Señor, nos puede confiar más: *"Al que tiene, se le dará más, y tendrá en abundancia. Al que no tiene, hasta lo poco que tiene se le quitará"* (Mateo 13:12).

Al obedecer al Señor y ser buenos administradores, puede darnos más y más discernimiento en el espíritu. Por el contrario, cuanto más nos aislamos, somos desobedientes, perezosos o crueles, nuestro don se verá mucho más restringido. Escoge la obediencia.

Motivos malvados

Tus motivos pueden manchar tu don. Jesús reprendió a Pedro por los motivos de su corazón: *"Pero Jesús se dio la vuelta, miró a sus discípulos, y reprendió a Pedro: '¡Aléjate de mí, Satanás! —le dijo—. Tú no piensas en las cosas de Dios sino en las de los hombres'"* (Marcos 8:33).

Jesús también reprendió a Jacobo y a Juan por no tener un corazón recto.

> *Envió por delante mensajeros, que entraron en un pueblo samaritano para prepararle alojamiento; pero allí la gente no quiso recibirlo porque se dirigía a Jerusalén. Cuando los discípulos Jacobo y Juan vieron esto, le preguntaron: "Señor, ¿quieres que hagamos caer fuego del cielo para que los destruya?". Pero Jesús se volvió a ellos y los reprendió.*
>
> —LUCAS 9:52-55

Aparentemente, Pedro aprendió de Jesús la lección acerca de tener los motivos correctos. Más tarde, en Hechos 8, Pedro reprendió a Simón el hechicero por tener motivos malignos en su corazón, Pedro había sido capacitado para corregir a otros.

> *Cuando vio Simón que por la imposición de las manos de los apóstoles se daba el Espíritu Santo, les ofreció dinero, diciendo: "Dadme también a mí este poder, para que cualquiera a quien yo impusiere las manos reciba el Espíritu Santo". Entonces Pedro le dijo: "Tu dinero perezca contigo, porque has pensado que el don de Dios se obtiene con dinero. No tienes tú parte ni suerte en este asunto, porque tu corazón no es recto delante de Dios.*

Arrepiéntete, pues, de esta tu maldad, y ruega a Dios, si quizá te sea perdonado el pensamiento de tu corazón; porque en hiel de amargura y en prisión de maldad veo que estás". Respondiendo entonces Simón, dijo: "Rogad vosotros por mí al Señor, para que nada de esto que habéis dicho venga sobre mí".

—HECHOS 8:18-24 (RVR60)

Debemos ser cuidadosos y procurar que la operación de nuestros dones sea utilizada en amor desinteresado, y no por causa de algún tipo de promoción personal o ganancia financiera.

Superstición

Con los cuales Jehová había hecho pacto, y les mandó diciendo: ***No temeréis a otros dioses*** *(...) [y nuevamente]* ***y no temeréis a dioses ajenos****. No olvidaréis el pacto que hice con vosotros,* ***ni temeréis a dioses ajenos****.*

—2 REYES 17:35,37-38, RVR60, *énfasis añadido por el autor.*

Existen demasiados cristianos hoy que piensan que son espirituales porque pueden "sentir" la presencia de espíritus malignos o "discernir demonios territoriales". Es bueno discernir la presencia de algo malo, pero lo que han hecho muchos con la información, estuvo al borde de la superstición.

Jesús culminó su ayuno de cuarenta días con un encuentro cara a cara con Satanás mismo (ver Mateo 4), sin embargo no vemos ningún temor por parte de Jesús. Nada espeluznante ni sin sentido, sólo se levantó sobre su identidad personal, como deberíamos hacerlo nosotros, y reprendió al diablo con La Escritura, como deberíamos hacerlo nosotros. Hay muchos cristianos hoy que se han vuelto tan espeluznantes espiritualmente que no se pueden levantar en confianza sobre sus identidades.

Asuntos de lujuria

Ustedes han oído que se dijo: 'No cometas adulterio'. Pero yo les digo que cualquiera que mira a una mujer y la codicia ya ha cometido adulterio con ella en el corazón.

—MATEO 5:27-28

La vasta proliferación de pornografía, en especial por medio de Internet, es el plan del enemigo para contaminar espiritualmente nuestros ojos. Él está más atento que la Iglesia, a lo que el Señor intenta levantar con el don de discernimiento de espíritus en su Cuerpo en toda la Tierra.

El Cuerpo de Cristo estuvo enceguecido, por mucho tiempo, frente al reino espiritual que nos rodea, y Dios está trayendo restauración y discernimiento. Al enemigo le gustaría atrapar a la Iglesia en una esclavitud de lujuria pecaminosa, y así apropiarse de la restauración del Señor. No lo permitamos. Si este es un problema en tu vida, busca la ayuda y la sabiduría divina, y encárgate de este asunto de manera urgente y agresiva. Este es un tema para el cual necesitarás ayuda y responsabilidad para obtener la victoria completa. Recomiendo la lectura del libro *Purity: The New Moral Revolution*, de Kris Vallotton[14]. También recomiendo el sitio web del ministerio de la iglesia de la Triple X (www.xxxchurch.com). Contiene muchos recursos excelentes y *software* de filtro para la computadora.

Activación

Jesús dijo: "*El ojo es la lámpara del cuerpo. Por tanto, si tu visión es clara, todo tu ser disfrutará de la luz. Pero si tu visión está nublada, todo*

14. Kris Valloton, *Purity: The New Moral Revolution* [Pureza: La nueva revolución moral], Shippensburg, PA, Destiny Image, 2008.

tu ser estará en oscuridad. Si la luz que hay en ti es oscuridad, ¡qué densa será esa oscuridad!" (Mateo 6:22-23).

Y el Salmo 101:3 (RVR60) dice: *"No pondré delante de mis ojos cosa injusta..."*.

Muchos de nosotros hemos oscurecido nuestros ojos espirituales con la suciedad del pecado. Pon, en tus propias palabras, esta oración para limpiar tus ojos espirituales.

Señor Jesús:
Confieso que he puesto ciertas cosas delante de mi vista, y he escuchado otras, que son pecaminosas. Te pido que me perdones y me limpies. Perdono a cualquier individuo que me haya herido u ofendido [incluye sus nombres y sé específico con lo que te hicieron]. Lava mis ojos y dame la gracia para caminar en libertad y plenitud.

Como un acto de purificación profética, deja correr agua sobre tus ojos.

Capítulo diez

La fuerza del amor

¿Por qué incluir un capítulo sobre el amor?

CUANDO MIRAMOS LA PRIMERA carta del apóstol Pablo a los corintios, debemos recordar que se trata de una carta, no de un libro con capítulos. Los pensamientos desarrollados a lo largo de ella, en realidad, están conectados, y se edifican uno sobre otro. En nuestro mundo de capítulos, versículos e interminables versiones de La Biblia, es fácil olvidar la fluidez original de las cartas de Pablo.

Teniendo en cuenta que la carta original no estaba dividida en capítulos, nos concentraremos específicamente en los capítulos 12 al 14.

El capítulo 12 contiene la lista de los nueve dones espirituales.

El capítulo 13 es el "capítulo del amor".

El capítulo 14 explica la aplicación de los dones espirituales en la congregación de la iglesia.

Lo que casi siempre fallamos en reconocer es que el capítulo 13 se encuentra entre el 12 y el 14 a propósito. Cada don espiritual debe ser utilizado en amor, *"ya sea que hables en lenguas humanas y angelicales, o que tengas el don de profecía y entiendas todos los misterios"* (ver 1 Corintios 13:1-2). Esta es la razón por la que el "capítulo del amor" se encuentra en medio de la discusión sobre los dones.

Los dones tienen que ser operados a través del amor. Muchas personas entienden el amor como algo débil y pobre, o tienden, por otro lado, a pensar que el "amor es duro", como lo suelen llamar.

Te recomendaré lo siguiente como una guía. Discernir en el espíritu es mirar todo en la vida, por medio de los ojos de Jesús. Es como ponerse un par de gafas que te permiten ver a las personas y las situaciones a través de los ojos de Jesús. Él mira todo con las lentes del amor perfecto. Si deseas saber cuándo no opera el discernimiento de espíritus, recuerda esta definición.

¿Qué es el amor?

Una de las porciones más conocidas de La Escritura es la de 1 Corintios, capítulo 13. Es leída, con frecuencia, en las bodas de todo el país. Lo cierto es que, 1 Corintios 13:4-8, nos da una de las mejores definiciones del amor que alguna vez haya sido escrita. Este pasaje ofrece dieciséis puntos clave sobre lo que significa el amor: *(1) paciente, (2) bondadoso, (3) no es envidioso, (4) no es jactancioso, (5) no es orgulloso, (6) no se comporta con rudeza, (7) no es egoísta, (8) no se enoja fácilmente, (9) no guarda rencor, (10) no se deleita en la maldad, (11) se regocija con la verdad, (12) todo lo disculpa, (13) todo lo cree, (14) todo lo espera, (15) todo lo soporta, (16) jamás se extingue.*

Tenemos otra definición de amor en Gálatas, la cual muchos han pasado por alto. Cuando nos referimos al fruto del Espíritu mencionado en Gálatas 5, con frecuencia lo que pensamos es que se trata de una lista de rasgos de carácter. El pasaje comienza con el versículo 22 diciendo: *"En cambio, el fruto del Espíritu es amor..."*. Fíjate que el fruto se expresa en singular. Si miramos el texto en su lenguaje original, el fruto del Espíritu está realmente escrito en singular, no dice *los frutos* del Espíritu. El amor es el único fruto del Espíritu. Las ocho palabras que siguen a continuación, *"... alegría, paz, paciencia, amabilidad, bondad, fidelidad, humildad y dominio propio"*, son meras descripciones detalladas del único fruto del Espíritu. En otras palabras, el amor está lleno de alegría, repleto de paz, colmado de paciencia, etcétera.

Muchos tienen una noción débil del amor, como un simple sentimiento. Si miramos un poco más de cerca La Palabra, esta nos muestra que el amor es una elección. Dios amó tanto al mundo, que tomó la decisión de hacer algo (ver Juan 3:16). Necesitamos elegir caminar en el estilo de vida del amor. Los tres versículos que siguen dejan muy claro que el amor es una decisión:

> *"Nosotros que somos del día, por el contrario, estemos siempre en nuestro sano juicio,* ***protegidos por*** *la coraza de* ***la fe y del amor****, y por el casco de la esperanza de salvación.*
>
> —1 TESALONICENSES 5:8, *énfasis añadido por el autor*

> *Tú, en cambio, hombre de Dios, huye de todo eso, y* ***esmérate en seguir*** *la justicia, la piedad, la fe,* ***el amor****, la constancia y la humildad.*
>
> —1 TIMOTEO 6:11, *énfasis añadido por el autor*

> *Huye de las malas pasiones de la juventud, y* ***esmérate en seguir*** *la justicia, la fe,* ***el amor*** *y la paz, junto con los que invocan al Señor con un corazón limpio.*
>
> —2 TIMOTEO 2:22, *énfasis añadido por el autor*

El amor no es solamente una elección que se hace una vez, sino que debemos tomar esta decisión a diario. Deberíamos ser conocidos porque tenemos nuestro estilo de vida girando completamente alrededor del amor. Este es el filtro a través del cual deben pasar todas nuestras palabras, actitudes y acciones antes de hablar o actuar:

> *Y éste es el mandamiento: que* ***vivan en este amor****, tal como ustedes lo han escuchado desde el principio.*
>
> —2 JUAN 1:6B, *énfasis añadido por el autor.*

> *Y* ***lleven una vida de amor****, así como Cristo nos amó y se entregó por nosotros como ofrenda y sacrificio fragante para Dios.*
>
> —EFESIOS 5:2, *énfasis añadido por el autor*

... manténganse en el amor de Dios...

—JUDAS 1:21

Y todo lo que hagan, háganlo con amor.

—1 CORINTIOS 16:14, TLA

El amor tiene su propia forma para tratar a otros. Como ya hemos visto, es bondadoso, paciente, gentil, no guarda rencor, etc. Además, el amor tiene una cualidad única, puede cubrir el pecado: *"Sobre todo, ámense los unos a los otros profundamente, porque el amor cubre multitud de pecados"* (1 Pedro 4:8).

Somos llamados a amarnos unos a otros profundamente, y muchos tuvimos dificultades para hacerlo porque el pecado quedó expuesto. El pecado requiere que nos arrepintamos, que perdonemos y que su recuerdo sea destruido. Sin amor, nos vemos unos a otros a través de las lentes del pecado pasado. El amor, literalmente, nos devuelve la capacidad de vernos sin pecado.

Aun en los casos en que son necesarias la confrontación y la exposición para lidiar con el pecado, tenemos un modelo para saber cómo manejarlo. La verdad, que debe ser hablada en amor. Está relacionado con nuestras motivaciones. No debemos decir la verdad solo para validarnos a nosotros mismos; no decimos la verdad para ofender a otros; hablamos la verdad desde un corazón de amor, un corazón que anhela la sanidad y la restauración: *"... hablando la verdad en amor"* (Efesios 4:15a LBLA).

"Por lo tanto, como escogidos de Dios, santos y amados, revístanse de afecto entrañable y de bondad, humildad, amabilidad y paciencia. ***Por encima de todo, vístanse de amor,*** *que es el vínculo perfecto"* (Colosenses 3:12,14).

En Las Escrituras el amor está puesto en el más alto lugar, sobre todas las demás virtudes. Es la de mayor importancia. No es solamente la prioridad número uno, sino que también es el pegamento que une y mantiene a todas las otras virtudes en un balance perfecto. Para alguien cuyo valor más alto es el coraje, sería fácil maltratar a otros. Pero el coraje funcionará en su capacidad óptima cuando sea utilizado en amor.

El amor es tan poderoso como las dos fuerzas malignas en el

mundo: el temor y la muerte. En Cantar de los Cantares 8:6 dice que el amor es tan fuerte como la muerte y en 1 Juan dice que en el amor no hay temor: *"En el amor no hay temor, sino que el perfecto amor echa fuera el temor; porque el temor lleva en sí castigo. De donde el que teme, no ha sido perfeccionado en el amor"* (1 Juan 4:18, RVR60).

Literalmente, el amor es una fuerza en el reino espiritual. Es tan fuerte como la muerte, y el amor perfecto quita el temor. En la Iglesia, muchos han procurado obtener una fe mayor, pero aun la fe funciona de manera incorrecta sin amor: *"... lo que vale es la fe que actúa mediante el amor"* (Gálatas 5:6b).

Jesús habló de la fe: *"Les aseguro que si tienen fe tan pequeña como un grano de mostaza, podrán decirle a esta montaña: 'Trasládate de aquí para allá', y se trasladará. Para ustedes nada será imposible"* (Mateo 17:20b; ver también Lucas 17:6).

La fe tiene el poder o la fuerza suficiente para mover una montaña; ahora bien, consideremos la siguiente verdad: *"Y ahora permanecen la fe, la esperanza y el amor, estos tres; pero* ***el mayor de ellos es el amor****"* (1 Corintios 13:13, RVR60, énfasis añadido por el autor).

Es una asombrosa afirmación: el amor es una fuerza mayor que la esperanza o aun que la fe. Se escribieron miles de sermones y libros acerca del increíble poder de la fe, pero el amor, que es un poder más grande, no recibió tanta atención. Si la fe del tamaño de una semilla de mostaza puede mover una montaña o arrancar un árbol y plantarlo en medio del mar, entonces ¿qué clase de poder tan magnífico reside en el amor? ¿Qué sucedería si viviéramos nuestra vida con siquiera un granito de mostaza de amor? Iríamos mucho más allá de "mover montañas". Yo creo que Dios está llamando a la Iglesia en todo el mundo a dar un paso y entrar en este ámbito.

> *Y pido que, arraigados y cimentados en amor, puedan comprender, junto con todos los santos, cuán ancho y largo, alto y profundo es el amor de Cristo; en fin, que conozcan ese amor que sobrepasa nuestro conocimiento, para que sean llenos de la plenitud de Dios.*
>
> —Efesios 3:17b-19

Este pasaje fortalece nuestra idea anterior de que el amor es más grande que la fe. Podemos ser llenos de la plenitud de Dios solamente si estamos sujetados y arraigados firmemente en el amor. Como dice en Efesios: *"... el amor de Cristo (...) sobrepasa nuestro conocimiento"* (Efesios 3.18-19).

¿Cómo será ser "llenos con la plenitud de Dios"? Yo diría que es la forma más pura de ser como Jesús. Porque La Palabra dice: *"Porque a Dios le agradó habitar en él* [Jesús] *con toda su plenitud"* (Colosenses 1:19).

Amor incondicional

Probablemente todos hemos escuchado el término *amor incondicional.* Como cristianos deberíamos tener una mejor comprensión de lo que significa esta frase, porque Jesús es la única persona que alguna vez demostró perfectamente el amor incondicional. Cuando se utiliza la palabra *incondicional,* se refiere a que nosotros, como humanos, establecemos parámetros para nuestras relaciones, tales como: "si haces esto, entonces responderé de esta manera". Jesús quebró esa naturaleza transaccional de relaciones al no requerir nada de nosotros. No nos pidió nada cuando estábamos perdidos en el pecado. Como dice en Juan 3:16: *"Porque tanto amó Dios al mundo, que dio a su Hijo unigénito, para que todo el que cree en él no se pierda, sino que tenga vida eterna".*

Dios no te pidió nada antes de amarte; sin condiciones escogió amarnos, y actuó en amor hacia nosotros. El apóstol Pablo reitera este punto en Romanos:

> *A la verdad, como éramos incapaces de salvarnos, en el tiempo señalado Cristo murió por los malvados. Difícilmente habrá quien muera por un justo, aunque tal vez haya quien se atreva a morir por una persona buena. Pero Dios demuestra su amor por nosotros en esto: en que cuando todavía éramos pecadores, Cristo murió por nosotros.*
>
> —ROMANOS 5:6-8

El amor incondicional es una clase de amor que, como humanos, nos resulta difícil comprender. Muchas personas se pasan la vida intentando vivir y actuar de determinada manera para lograr ser aceptados por otros, sin embargo Jesús (incluidos Dios el Padre y el Espíritu Santo) nos ama sin condición. Efesios 3:19 dice que este amor *"sobrepasa nuestro conocimiento"*, y en Romanos 8:39 dice que nada puede separarnos del *"amor que Dios nos ha manifestado en Cristo Jesús nuestro Señor"*.

Incrementando la fuerza del amor

El siguiente pensamiento lógico sería: "¿Cómo puedo obtener más de este amor en mi vida?".

Quiero compartir una gran historia que escribió Kenneth Hagin, y que ilustra un punto importante acerca de crecer en amor.

> Una vez, yo estaba en una reunión cuando tres pastores vinieron de visita. Después del servicio salimos a comer para pasar un tiempo de comunión todos juntos. Estos pastores comenzaron a hablar sobre el tema del amor de Dios. Yo sólo escuchaba su conversación y no hablaba mucho. A veces puedes aprender más escuchando que hablando, porque ¡uno ya conoce todo lo que *uno* sabe!
>
> En fin, estos pastores hablaban de cuántos creyentes fallan en el camino del amor. Uno de ellos dijo: "¡Les diré qué! ¡Necesitamos orar! Necesitamos orar para que Dios nos dé amor. No tenemos el amor de Dios de la manera en que debemos tenerlo."

Yo no dije nada, pero pensé: "Si el amor de Dios fue derramado en nuestros corazones, entonces, si una persona parece no tener amor, sólo debe aprender a caminar a la luz de lo que ya posee. Allí es donde radica el problema" (ver Romanos 5:5).

Finalmente, uno de los pastores me preguntó:
—Hermano Hagin, ¿qué piensas sobre esto?

—¿Realmente quieres saber?

—¡Sí! —dijo.

—Bueno, si tus compañeros no tienen nada de amor, como has dicho, entonces ¡necesitan ser salvos!

Me miraron asombrados, como si los hubiese golpeado con una toalla mojada.

—Tú dices que no tenemos el amor de Dios —continué diciendo—, pero en La Biblia dice: *"Nosotros sabemos que hemos pasado de la muerte a la vida porque amamos a nuestros hermanos..."* y si hemos sido salvos, tenemos el amor de Dios en nuestros corazones, porque La Biblia dice que *"... Dios ha derramado su amor en nuestro corazón por el Espíritu Santo que nos ha dado"* (1 Juan 3:14; Romanos 5:5). No es una cuestión de que necesitemos orar para que Dios nos envíe amor, porque Él ya nos dio a cada creyente una medida de fe. ¡Sólo es cuestión de estimular y usar lo que ya tenemos en nuestro interior!

—Si eres salvo —le dije—, ya tienes una medida de amor. Puedes orar hasta que tu rostro se vuelva azul para que Dios te dé más amor, pero el amor que tienes no aumentará a menos que lo alimentes con La Palabra de Dios y lo ejercites para que se desarrolle. Si lo desarrollas aumentará. La forma de incrementar el amor es alimentarlo con La Palabra y ejercitarlo. El amor debe ejercitarse antes de poder producir resultados. Pero si eres fiel en ejercitar el amor, producirá mucho fruto[15].

¿Cómo podemos caminar en el amor que fue vertido en nuestros corazones?

*Y nosotros **hemos llegado a saber y creer que Dios nos ama**. Dios es amor. **El que permanece en amor**, permanece en Dios,*

15. Kenneth Hagin, *Love, the Way to Victory* [Amor, el camino a la victoria], Tulsa, OK, Faith Library Pub., 1994, págs. 25-27.

> *y Dios en él. Ese amor se manifiesta plenamente entre nosotros para que en el día del juicio comparezcamos con toda confianza, porque en este mundo hemos vivido como vivió Jesús. En el amor no hay temor.*
>
> —1 JUAN 4:16-17, ÉNFASIS AÑADIDO POR EL AUTOR

Primero, debemos reconocer y confiar en que Dios nos ama. Y segundo, debemos vivir de tal manera que derramemos ese amor en otros. Muchos cristianos intentan caminar en amor dándolo a otros, sin reconocer de manera constante el amor que Dios les da. Cuando mantienes tu enfoque en el amor que Dios tiene por ti, es entonces que ese amor rebosa en ti hacia los demás.

Sin amor no hay discernimiento

"Empéñense en seguir el amor y ambicionen los dones espirituales, sobre todo el de profecía" (1 Corintios 14:1).

He descubierto que es necesario que estés determinado a "seguir el camino del amor" antes de que los dones que "ansías tener" funcionen correctamente. Es posible que seas capaz de ver en forma limitada cómo operan los dones sin haber caminado en amor, pero en última instancia carecerán del corazón de Dios.

Cuando el amor se va, también se va el discernimiento

Suelo tener, en forma personal, tiempos difíciles en lo que respecta a la operación de los dones cuando no camino en amor. Por ejemplo, si alguien con una personalidad complicada se encuentra próximo y yo intento focalizar mi discernimiento, estoy en problemas. Mi espíritu está intranquilo por este individuo difícil y yo no estoy listo para andar en amor y funcionar apropiadamente. Trato de apuntar mi amor hacia una persona, mientras mi discernimiento recoge mi mala actitud hacia el otro. Literalmente, me interpongo en mi propio camino.

El amor es discernible

De este modo todos sabrán que son mis discípulos, si se aman los unos a los otros.

—JUAN 13:35

Si bien es verdad que tener una fe tan poderosa como para mover montañas es un signo de que alguien camina bajo el favor y la unción de Dios, el rasgo que Jesús estableció para distinguir a uno de sus discípulos es el amor.

Activación

Y nosotros hemos llegado a saber y creer que Dios nos ama. Dios es amor. El que permanece en amor, permanece en Dios, y Dios en él.

—1 JUAN 4:16

Cierra tus ojos y compromete tu imaginación. Céntrate en el hecho de que Dios ha derramado su amor en tu corazón. Recuérdale a tu mente que descansas en el amor del Señor. Reconoce el amor que tienes en tu interior. Imagina que brota, cura cada herida, trae libertad, sana tus recuerdos. La verdad del amor que Dios tiene por ti y en ti, te libertará. Este amor le da a tus ojos la habilidad de ver el mundo a través de los ojos de Jesús.

Figúrate las personas en tu vida a quienes necesitas perdonar, aquellos que te han herido, y míralos a través de esos ojos de amor y perdónalos. Tómate ahora mismo cinco a diez minutos y entrégaselos al Señor. Enfócate en el amor de Jesús y medita en estas verdades.

Capítulo once

Sanidad de la ceguera espiritual

EN ESTE CAPÍTULO VEREMOS cuatro testimonios de quienes siendo físicamente ciegos, luego sus ojos fueron abiertos y sanados. Examinaremos cada una de estas historias y veremos si podemos encontrar claves, principios y cosas en común que nos enseñen cómo lograr que nuestra vista espiritual sea restaurada.[16]

En 1 Corintios 15:46 se establece un principio: *"No vino primero lo espiritual sino lo natural, y después lo espiritual"*. Aquí se refiere a que Adán fue creado primero y que luego Jesús vino a la Tierra como un segundo Adán. Ahora, expondré acerca del concepto de que a lo natural le siguió lo espiritual, y lo aplicaré de un modo inusual. Quiero que tú, lector, comprendas que haré esto con mucho cuidado para no violar la intención original de los pasajes que observaremos.

Los cuatro Evangelios son testimonios que cuentan eventos reales; no son de naturaleza alegórica. Tampoco podemos espiritualizar todo y negar el contexto y el significado originales. Existen varias categorías que son utilizadas para que La Palabra pueda entenderse; aquí nombraremos tres de las más comunes.

16. En una nota especulativa, es como si Adán y Eva, antes del pecado, hubieran tenido completo uso de todos sus dones espirituales. Y si recuerdas lo que aprendimos en el capítulo dos, todos tenemos ojos espirituales; solo necesitamos que sean restaurados. En ese sentido somos como el hombre ciego, tenemos ojos, pero no podemos ver.

1. Parábolas.

Cuando Jesús enseñaba, con frecuencia usaba parábolas de cosas naturales para explicar el Reino de los cielos. Considera cuántas veces dijo: "El Reino de los cielos es como...", y entonces daba una ilustración de algo natural. El reino natural puede darnos una idea de cómo es el reino espiritual.

2. Copias y sombras.

La Palabra se comunica con nosotros en la forma de copias y sombras, tales como Moisés, que construyó el santuario como una sombra de lo que vio en el cielo (ver Hebreos 8:5; 9:23-24). También, las fiestas y festivales del Antiguo Testamento eran meras sombras de las cosas por venir; ahora, la realidad se encuentra fundada en Cristo (ver Colosenses 2:16-17).

3. Principios naturales que tienen un equivalente espiritual.

Encontramos un buen ejemplo de esto en la siembra y la cosecha (ver Gálatas 6:7-9). Dios le enseñó a su pueblo que la realidad espiritual de sembrar y cosechar podía ser comprendida con los principios naturales de la agricultura.

Caso Nº 1.

Después llegaron a Jericó. Más tarde, salió Jesús de la ciudad acompañado de sus discípulos y de una gran multitud. Un mendigo ciego llamado Bartimeo (el hijo de Timeo) estaba sentado junto al camino. Al oír que el que venía era Jesús de Nazaret, se puso a gritar: "¡Jesús, Hijo de David, ten compasión de mí!".

Muchos lo reprendían para que se callara, pero él se puso a gritar aun más: "¡Hijo de David, ten compasión de mí!". Jesús se detuvo y dijo: "Llámenlo". Así que llamaron al ciego. "¡Ánimo! —le dijeron— ¡Levántate! Te llama". Él, arrojando la capa, dio un salto y se acercó a Jesús. "¿Qué quieres que haga por ti?", le preguntó. "Rabí, quiero ver", respondió el ciego. "Puedes irte —le dijo Jesús—; tu fe te ha sanado". Al momento recobró la vista y empezó a seguir a Jesús por el camino.

—MARCOS 10:46-52 (ver también LUCAS 18:35-43)

El primer rasgo que reconocemos sobre Bartimeo es que era un individuo muy persistente. Cuando escuchó que Jesús pasaría por allí, comenzó a gritar, y cuando lo reprendieron por gritar, gritó aun más fuerte. Tuvo la oportunidad de sentirse ofendido por su reproche, pero, metafóricamente, tomó la decisión de pasar por encima de su ofensa para alcanzar a Jesús. Jesús se detuvo, lo llamó y esperó en la calle hasta que Bartimeo se acercó a Él.

Culturalmente, es interesante que Bartimeo arrojara su capa. Esa capa era una licencia legal para mendigar. Al arrojarla a un lado, estaba declarando por fe que ya no la necesitaría nunca más. Si no hubiese sido sanado de su ceguera, ¿cómo habría podido encontrar la capa después de haberla arrojado?

Jesús le preguntó a Bartimeo:

—¿Qué quieres que haga por ti?

—Quiero ver —respondió.

Entonces Jesús le dijo:

—Tu fe te ha sanado.

Estos son unos pocos principios que tomamos de esta historia que son importantes para nosotros: ser persistentes, superar la ofensa, procurar a Jesús, arrojar nuestra capa (o nuestra zona de comodidad), y desear ver. Jesús está esperándote, y es tu fe la que abrirá tus ojos.

Caso Nº 2.

Al irse Jesús de allí, dos ciegos lo siguieron, gritándole: "¡Ten compasión de nosotros, Hijo de David!". Cuando entró en la casa, se le acercaron los ciegos, y él les preguntó: "¿Creen que puedo sanarlos?". "Sí, Señor", le respondieron. Entonces les tocó los ojos y les dijo: "Se hará con ustedes conforme a su fe". Y recobraron la vista. Jesús les advirtió con firmeza: "Asegúrense de que nadie se entere de esto".

—MATEO 9:27-30

Como en el caso de Bartimeo, procurar a Jesús es uno de los rasgos más importantes de esta historia. Dos hombres ciegos iban tropezándose por la calle clamando por Jesús. Incluso se las arreglaron para seguirlo dentro de la casa y llegaron a estar cara a cara con Él. Jesús les preguntó:

—¿Creen que puedo sanarlos?

—Sí —respondieron.

Entonces Jesús puso sus manos sobre sus ojos y les dijo que de acuerdo a su fe serían sanados.

Una vez más, fue la fe del individuo la que abrió sus ojos. En este caso, tomó lugar la imposición de manos, y a veces este es un elemento necesario para recibir la vista. Como siempre, el conector para recibir la vista es la fe.

Caso Nº 3.

Cuando llegaron a Betsaida, algunas personas le llevaron un ciego a Jesús y le rogaron que lo tocara. Él tomó de la mano al ciego y lo sacó fuera del pueblo. Después de escupirle en los ojos y de poner las manos sobre él, le preguntó: "¿Puedes ver ahora?". El hombre alzó los ojos y dijo: "Veo gente; parecen árboles que caminan". Entonces le puso de nuevo las manos sobre los ojos, y el ciego fue curado: recobró la vista y comenzó a ver todo con claridad.

—MARCOS 8:22-25

En este caso, a diferencia de los primeros dos, el hombre ciego fue traído a Jesús; no procuró encontrar a Jesús. En lugar de gritarle al ciego para que se quedara quieto, sus amigos le "rogaron a Jesús" que lo sanara. Jesús lo guió fuera del pueblo, pero ¿por qué Jesús escupió sobre sus ojos? pero ¿por qué Jesús no le dijo al ciego que su fe lo había sanado, sino que le preguntó si podía ver? Esta es una historia única, en verdad.

Al llevar al hombre fuera del pueblo, Jesús lo sacó de la comodidad de lo familiar. Un ciego que está acostumbrado a sentirse de esta forma en áreas familiares, ha creado una zona específica de comodidad. Cuando es traído a un lugar nuevo con el que no está familiarizado, las expectativas pueden ser alteradas. El siguiente paso es proveer una ofensa.

A este punto el hombre no había hecho nada que mostrase fe o búsqueda. Jesús le proporcionó un obstáculo al escupir en sus ojos. Escupir a los ciegos era una práctica común y degradante en Israel en esa época. Bill Johnson dice: "A veces, Dios ofende la mente para revelar el corazón". Después Jesús puso sus manos sobre él y liberó sanidad.

La parte final de la historia es una de las secciones de mayor incentivo en los Evangelios para cualquiera que se encuentre involucrado en el ministerio de sanidad. Nos muestra que Jesús tuvo al menos una sanidad progresiva en su ministerio, y no es considerada una falla. La apertura progresiva de la vista es perfectamente aceptable. Esto es importante para nuestro estudio porque es posible que tus ojos espirituales y tu discernimiento no sean abiertos de manera inmediata. Tal vez se trate de una apertura progresiva. Quizá Dios tenga que llevarte fuera de tu zona de comodidad, o incluso proporcionar una ofensa para impulsarte.

Caso Nº 4.

Dicho esto, escupió en el suelo, hizo barro con la saliva y se lo untó en los ojos al ciego, diciéndole: "Ve y lávate en el estanque de Siloé" (que

> *significa: Enviado). El ciego fue y se lavó, y al volver ya veía. Sus vecinos y los que lo habían visto pedir limosna decían: "¿No es éste el que se sienta a mendigar?". Unos aseguraban: "Sí, es él". Otros decían: "No es él, sino que se le parece". Pero él insistía: "Soy yo". "¿Cómo entonces se te han abierto los ojos?", le preguntaron. "Ese hombre que se llama Jesús hizo un poco de barro, me lo untó en los ojos y me dijo: 'Ve y lávate en Siloé'. Así que fui, me lavé, y entonces pude ver".*
>
> —JUAN 9:6-11

Como en el caso Nº 3, Jesús puso saliva en sus ojos. Una vez más, esto fue una ofensa para el ciego. Aquí encontramos que Jesús le ordena activar su fe enviándolo a lavarse al estanque.

Un detalle interesante es que aquellos que veían al hombre ciego a diario, no lo reconocieron. Fue tan transformado que los demás no podían reconocerlo. Cuando comienzas a operar con tu discernimiento y con tus ojos abiertos, puede suceder que algunos de los que pensaban que te conocían, no te reconozcan (hablando metafóricamente). El hombre ciego no cambió físicamente sólo recibió la vista, sin embargo estaba irreconocible. La historia continúa con otra ofensa.

> *Era sábado cuando Jesús hizo el barro y le abrió los ojos al ciego. Por eso los fariseos, a su vez, le preguntaron cómo había recibido la vista (...). Algunos de los fariseos comentaban: "Ese hombre no viene de parte de Dios, porque no respeta el sábado"...*
>
> —JUAN 9:14-16

El ciego atribuyó su experiencia a Dios, aunque los líderes espirituales que lo rodeaban decían que no provenía de Dios. Esto es común para aquellos que tienen los ojos abiertos, ya sea que se trate de la ofensa de Dios al sanar hoy o de la ofensa de un cristiano que tiene abiertos sus ojos espirituales. Siempre tendremos líderes que digan que no pudo ser Dios por una multitud de razones.

Entonces lo insultaron y le dijeron: "¡Discípulo de ese lo serás tú! ¡Nosotros somos discípulos de Moisés! Y sabemos que a Moisés le habló Dios; pero de este no sabemos ni de dónde salió". "¡Allí está lo sorprendente! —respondió el hombre—: que ustedes no sepan de dónde salió, y que a mí me haya abierto los ojos. Sabemos que Dios no escucha a los pecadores, pero sí a los piadosos y a quienes hacen su voluntad. Jamás se ha sabido que alguien le haya abierto los ojos a uno que nació ciego. Si este hombre no viniera de parte de Dios, no podría hacer nada". Ellos replicaron: "Tú, que naciste sumido en pecado, ¿vas a darnos lecciones?". Y lo expulsaron.

—JUAN 9:28-34

Hay un dicho que dice que "los fariseos solo pueden honrar a sus profetas muertos"[17]. Los fariseos no podían aceptar el nuevo mover de Dios que sucedía en medio de ellos. Violaba su paradigma y no estaban dispuestos a actualizarse cambiando a un odre nuevo.

El ciego recién sanado ofreció una excelente disculpa para probar que Jesús era el Mesías, y como los fariseos no tuvieron una respuesta digna, cambiaron la marcha. Pasaron a un tono de difamación contra un hombre inocente que no hizo nada mal más que recibir la sanidad en el día equivocado de la semana.

Jesús se enteró de que habían expulsado a aquel hombre, y al encontrarlo le preguntó: "¿Crees en el Hijo del hombre?". "¿Quién es, Señor? Dímelo, para que crea en él". "Pues ya lo has visto —le contestó Jesús—; es el que está hablando contigo". "Creo, Señor", declaró el hombre. Y, postrándose, lo adoró.

—JUAN 9:35-38

17. Joel C. Elowsky y Thomas C. Oden escribieron en su comentario sobre el libro de Juan: "Mientras vivíeron (los profetas), sus conciudadanos los deshonraron, pero una vez muertos los respetan, y edifican y adornan sus tumbas". Tomado de *Juan 1-10, Ancient Christian Commentary on Scripture* [Antiguo comentario cristiano sobre la Escritura], Downers Grove, IL, Inter Varsity Press, 2006, pág. 173.

Este hombre estaba dispuesto a pasar por encima de todas esas ofensas, entonces Jesús volvió y una vez más se reveló a sí mismo de una manera más profunda. El principio que tenemos para recoger de esta historia es que la persecución y la privación seguirán a las bendiciones recibidas de Jesús. Si tienes resistencia y persistencia, quedará comprobado que eres un buen administrador del don de la vista que Dios te ha dado, y como consecuencia tendrás revelación. Él se revelará de maneras aun más grandes, que es nuestro destino y objetivo final.

Activación

Declara cada una de estas frases en voz alta diez veces:

Jesús, te buscaré sin importar nada más.
Pasaré por encima de la ofensa y la desilusión para seguirte.
Te seguiré, lleno de fe.

PARTE TRES

Activar el don

Capítulo doce

Cuatro claves para incrementar la fe

EL SEÑOR ME MOSTRÓ una imagen de un largo pasillo con puertas ubicadas a ambos lados, como los que se pueden ver en un hotel. Cada puerta tenía el nombre de una experiencia bíblica. La primera decía: "Puerta de la salvación". La siguiente: "Puerta del bautismo en el Espíritu Santo". Había una cantidad interminable de puertas, cada una con un cartel diferente, como "Puerta de la sanidad" o "Puerta de la liberación".

Cada una de ellas tenía una cerradura. Para acceder a estas experiencias, necesitaba una llave. El Señor me mostró que una llave abriría todas esas puertas y que esa llave es la fe. Aunque La Palabra está llena de promesas y verdades, el requerimiento para abrir cada "puerta" o promesa es la llave de la fe.

La fe siempre debería guiarnos a tener la experiencia para la cual tenemos fe. Si tengo fe para salvación, deberíamos experimentar salvación. Si tengo fe para el bautismo en el Espíritu Santo, debería experimentar el bautismo en el Espíritu Santo. Podemos experimentar cada promesa de La Escritura por fe. La fe es la llave que abre cada puerta a esas experiencias. *"Por tanto, os digo que todo lo que pidiereis orando, creed que lo recibiréis, y os vendrá"* (Marcos 11:24, RVR60). La fe nos introduce en una experiencia.

La Escritura está repleta de promesas de aquello que podemos recibir o en donde podemos caminar por fe. Si miramos Hebreos 11, que fue llamado "el salón de la fe", cada persona mencionada tuvo una experiencia con Dios, y cada historia fue recordada como una historia de fe. La llave para sus experiencias fue que entraron en ellas por fe. Si queremos experimentar mayor discernimiento, necesitaremos más fe. Esto requiere no solo un acuerdo mental, sino una fe activa que gire la llave dentro de la cerradura. Puedo decir en mi mente que creo que Dios puede sanarme, pero si no tengo una fe activa no podré vivir la experiencia.

Puertas de experiencia

Aquí hay diez ejemplos de verdades que pueden ser realizadas, sentidas, vividas, disfrutadas y experimentadas en la vida por fe.

Salvación: Somos salvos por gracia, por medio de la fe (ver Efesios 2:8).
Sanidad: Por sus llagas somos sanados (ver Isaías 53:3-5; 1 Pedro 2:24).
Permanencia: Estamos escondidos con Cristo en Dios (ver Colosenses 3:1-3).
Percepción: Tenemos la mente de Cristo (ver 1 Corintios 2:16).
Poder: Su voluntad será hecha en la Tierra como en el cielo (ver Mateo 6:10).
Gozo: En su presencia hay plenitud de gozo (ver Salmo 16:11).
Autoridad: Estamos sentados con Él en los lugares celestiales (ver Efesios 2:1-10).
Escuchar a Dios: "Mis ovejas oyen mi voz" (ver Juan 10:27).
Fruto del Espíritu: Así como vivimos en el Espíritu, caminemos en el Espíritu (ver Gálatas 5:22-25).
Intimidad: Los que se unen al Señor son un espíritu con Él (ver 1 Corintios 6:17).

En este momento debes estar pensando que esto es bueno, pero ¿qué tiene que ver con *ver* en el espíritu? La conexión es *"porque por fe andamos, no por vista"* (2 Corintios 5:7, RVR60). La fe es la que habilita nuestros ojos espirituales. La fe nos ayuda a ver cada día la presencia de Jesús, como Él dijo: "no te dejaré ni te abandonaré". La mayor parte de las personas se contentan con escuchar estas verdades y con estar de pie fuera de la puerta de la verdad, y nunca entran. La fe nunca queda satisfecha solo con el conocimiento de esta verdad en la mente. Se satisface únicamente cuando entramos en esa verdad.

Debemos recordar que La Palabra de Dios es viva y activa. Está viva y esperando que experimentes sus riquezas gloriosas. Las experiencias con ángeles, el cielo, la presencia manifiesta de Dios, visiones, trances y sueños están disponibles para nosotros por medio de la fe. Aquí pondré una advertencia para equilibrar. No podemos tomar una parte de La Escritura y ejercerla sin la dirección del Espíritu Santo. Recuerda: La Palabra de Dios es la espada del espíritu, eso significa que es la espada del Espíritu Santo, no tu espada. Necesitamos someternos al Espíritu Santo, a su dirección, para estar a salvo y ser poderosos.

Un paso adentro

Muchos de nosotros hemos entrado por las puertas de la salvación, el bautismo en el Espíritu Santo, la sanidad, la liberación y el oír la voz de Dios, y hemos tenido esas experiencias. Esto va tan lejos en el salón de la experiencia como la Iglesia occidental ha estado dispuesta a aventurarse.

Estas son las puertas sobre las que es común que se predique, se crea y se entre. Sin embargo, Las Escrituras no se acaban solamente en unas pocas experiencias maravillosas conocidas. Dios nos dio un libro repleto de verdades en las cuales podemos entrar, y ninguno de nosotros podremos, alguna vez, agotar todas las que podemos experimentar por medio de la fe.

¿Ya experimentamos al máximo lo que significa estar *"en Cristo"*, o *"sentado en los lugares celestiales"*, o ser *"un espíritu con Él"*, o *"andar en el espíritu"* o *"tener la mente de Cristo"*? Déjame alentarte; ¡hay mucho, mucho más! Entra adentro del salón.

Algunas puertas son más difíciles de abrir

La puerta de la salvación ha estado en uso activo y en enseñanza por siglos. Martín Lutero fue un pionero en empujar esta puerta para abrirla para el Cuerpo de Cristo. En nuestros días, la salvación por gracia por medio de la fe se experimenta fácilmente.

Hoy, la salvación se enseña en cada iglesia verdadera y puede ser llevada con confianza a cualquier persona, en cualquier momento, a una persona sin hogar en la calle o a un hombre rico en Wall Street. No obstante, algunas puertas parecen ser más difíciles de experimentar. La profecía, por ejemplo. Tal vez tengo fe para creer: *"Mis ovejas oyen mi voz"*, pero parece que no siempre experimentamos esto de oír su voz.

Una posible explicación es que algunas de las puertas que usamos con menos frecuencia ya tienen herrumbre, hablando metafóricamente, y ese óxido hace que sean chirriantes y difíciles de abrir. Esta puede ser la razón por la que algunas personas aun no fueron sanadas o liberadas; la Iglesia no ha llegado a obtener y mantener cierto nivel de avance.

Sin fe las puertas no se abren

> *Porque a nosotros, lo mismo que a ellos, se nos ha anunciado la buena noticia; pero el mensaje que escucharon no les sirvió de nada, porque no se unieron en la fe a los que habían prestado atención a ese mensaje.*
>
> —HEBREOS 4:2

La Palabra de Dios puede ser negada bajo la responsabilidad del oyente. En este versículo, La Palabra anunciada no carecía de nada, sino que faltaba fe por parte de algunos oyentes. Aquellos que escucharon con fe recibieron la promesa, mientras que los que la oyeron pero no unieron la fe con el mensaje no recibieron nada. Este concepto se encuentra resumido en la frase: "Cada quien cosecha lo que siembra". Si no le agregas fe a La Palabra de Dios que escuchas, no recibirás las promesas que hay en ella. Dios te dio la autoridad para recibir o rechazar sus promesas de acuerdo a tu responsabilidad.

Llaves prácticas

Todas las relaciones están hechas de experiencias. Si deseas una relación más cercana con Dios, tu deseo incluye más experiencias con Él. Como entendemos que la fe nos guía a tener más experiencias, deberíamos anhelar tener más fe. Nuestro corazón tendría que ser como el de los discípulos, que le pedían al Señor: *"¡Aumenta nuestra fe!"* (Lucas 17:5). Aquí encontrarán cuatro llaves prácticas que están en La Palabra para edificar una fe mayor:

1. Ayuno y oración.

> *"Señor, ten compasión de mi hijo. Le dan ataques y sufre terriblemente. Muchas veces cae en el fuego o en el agua. Se lo traje a tus discípulos, pero no pudieron sanarlo". "¡Ah, generación incrédula y perversa! —respondió Jesús—.¿Hasta cuándo tendré que estar con ustedes? ¿Hasta cuándo tendré que soportarlos? Tráiganme acá al muchacho".*
>
> *Jesús reprendió al demonio, el cual salió del muchacho, y este quedó sano desde aquel momento. Después los discípulos se acercaron a Jesús y, en privado, le preguntaron:* ***"¿Por qué nosotros no pudimos expulsarlo?". "Porque ustedes tienen tan poca fe*** *—les respondió—. Les aseguro que si tienen fe tan pequeña como un*

grano de mostaza, podrán decirle a esta montaña: 'Trasládate de aquí para allá', y se trasladará. Para ustedes nada será imposible".

—MATEO 17:15-21, *énfasis añadido por el autor*

Jesús dice que es por su poca fe y luego les da el remedio de la oración con ayuno. Eso les proporcionará la fe que necesitan para sanar y liberar al niño. El ayuno es una de las cuatro cosas específicas que podemos hacer para incrementar nuestra fe. Mayor fe lleva a mayores experiencias.

Más acerca del ayuno

Cuando ayuno, a menudo la gente me pregunta: "¿Dios te dijo que ayunes?". He pensado por qué me preguntan eso, especialmente debido a que comúnmente respondo: "No, Él no me pidió que ayunara; yo decidí hacerlo". Como creyentes del Nuevo Testamento, no hay nada que nos ordene cuándo ayunar, por cuánto tiempo, etcétera. Hubo tiempos específicos para el ayuno en el Antiguo Testamento, pero el Nuevo Testamento no nos ordena nada en ese sentido.

Lo mismo sucede con la oración en el Espíritu Santo o con escuchar esperando oír una palabra "rhema" por parte del Señor. La Palabra nos dice que estas cosas edificarán nuestra fe, pero el Señor no nos ordena activarlas; solo las pone a nuestra disposición. Creo que cada una de ellas edificará nuestra fe, y eso nos dará la habilidad de experimentarla.

Dios nos dio las herramientas para edificar la suficiente cantidad de fe como para acceder a cualquier puerta, pero nos da el libre albedrío para decidir cuándo ayunar, cuándo orar y cuándo escuchar. Cuando decidimos edificar nuestra fe, es algo que nosotros iniciamos, entonces en respuesta Él la aumenta para que experimentemos más de su Reino. Este es un elemento fundamental en nuestra relación con Dios; Él nos da la elección sobre qué clase de relación queremos tener: *"Acérquense a Dios, y él se acercará a ustedes"* (Santiago 4:8a). Otra forma de decirlo sería: "La pelota está de nuestro lado".

2. Orar en el Espíritu.

"Ustedes, en cambio, queridos hermanos, manténganse en el amor de Dios, edificándose sobre la base de su santísima fe y orando en el Espíritu Santo" (Judas 1:20).

Orar en el Espíritu es distinto que ayunar porque llegas a una situación en la que necesitas acceder a la fe de manera inmediata, puedes comenzar a orar en el Espíritu en el momento en el que recibes una noticia. Sin embargo, el ayuno se hace por adelantado, para acumular fe. Podemos llenarnos a diario a través de la oración en el Espíritu, pero también estará siempre disponible en el momento.

3. Escuchar esperando oír la palabra profética de Dios.

"Así que la fe es por el oír, y el oír, por la palabra [rhema] *de Dios"* (Romanos 10:17, RVR60).

La palabra "rhema" de Dios es cuando el Señor aplica proféticamente sus palabras a tu situación. Él dice estas palabras directamente en tu espíritu y te alienta, te fortalece y te conforta. Esto aumenta tu fe. El profeta Bill Hamon dice:

> Una *rhema* es una palabra o ilustración por la que Dios nos habla directamente, está dirigida a nuestra situación personal y particular. Es dada a tiempo por el Espíritu Santo, una palabra inspirada que proviene del logos (La Biblia) que trae vida, poder y fe para completarnos. Su significado se ejemplifica en el mandato de tomar la *"espada del Espíritu, que es la palabra* [rhema] *de Dios"* (Efesios 6:17). Puede ser recibida por otros medios como la palabra profética, o ser una ilustración dada en el tiempo personal de meditación en La Biblia o en oración. El logos es La Palabra de Dios fija, Las Escrituras, y la rhema es una porción particular en línea con el logos, traída por el Espíritu para ser aplicada directamente a algo de nuestra experiencia personal.[18]

18. Bill Hamon, *Apostles, Prophets, and the Coming Moves of God* [Apóstoles, profetas y los futuros movimientos de Dios], Santa Rosa Beach, FL, Christian Internacional, 1997, pág. 284-285.

4. Comunión con personas de fe.

"... Para que unos a otros nos animemos con la fe que compartimos" (Romanos 1:12).

Proverbios 27:17 dice: *"El hierro se afila con el hierro"*. Si frecuentas la compañía de una persona que tiene una mayor fe que la tuya, te impulsa a tener una fe mayor. El ánimo también puede venir de dos iguales que se estimulan uno al otro a tener mayor fe en el Señor. Personalmente, me siento tremendamente estimulado cuando escucho maestros que tienen una enorme fe, como Bill Johnson o Heidi Baker. Regularmente me gusta escuchar grabaciones de sus enseñanzas para mantener en alza mi fe. Además decido almorzar con personas de fe para animarnos unos a otros.

"Buenas obras"

> *Hermanos míos, ¿de qué le sirve a uno alegar que tiene fe, si no tiene obras? ¿Acaso podrá salvarlo esa fe? Supongamos que un hermano o una hermana no tienen con qué vestirse y carecen del alimento diario, y uno de ustedes les dice: "Que les vaya bien; abríguense y coman hasta saciarse", pero no les da lo necesario para el cuerpo. ¿De qué servirá eso? Así también la fe por sí sola, si no tiene obras, está muerta. Sin embargo, alguien dirá: "Tú tienes fe, y yo tengo obras". Pues bien, muéstrame tu fe sin las obras, y yo te mostraré la fe por mis obras.*
>
> —SANTIAGO 2:14-18

He descubierto que cada vez que enseño sobre las cuatro llaves de la fe, siempre hay una persona negativa que viene después del servicio para advertirme. Su premisa básica es que tengo que ser cuidadoso en la forma como enseño acerca de las cuatro llaves de la fe, porque puede ser interpretado como una fórmula para las "buenas obras". La implicancia es que la gracia y las obras son entidades mutuamente exclusivas.

Esto no es fundamentalmente cierto.

Después de haber recibido la salvación por gracia, las buenas obras deberían rebosar en nosotros como consecuencia natural. El libro de Santiago implica que la salvación de un individuo es cuestionable si las buenas obras no fluyen de nosotros. Las buenas obras son fruto y evidencia de la gracia y la fe.

> *¡Qué tonto eres! ¿Quieres convencerte de que la fe sin obras es estéril? ¿No fue declarado justo nuestro padre Abraham por lo que hizo cuando ofreció sobre el altar a su hijo Isaac? Ya lo ves: Su fe y sus obras actuaban conjuntamente, y su fe llegó a la perfección por las obras que hizo. Así se cumplió la Escritura que dice: "Le creyó Abraham a Dios, y esto se le tomó en cuenta como justicia", y fue llamado amigo de Dios. Como pueden ver, a una persona se le declara justa por las obras, y no sólo por la fe. De igual manera, ¿no fue declarada justa por las obras aun la prostituta Rajab, cuando hospedó a los espías y les ayudó a huir por otro camino? Pues como el cuerpo sin el espíritu está muerto, así también la fe sin obras está muerta.*
>
> —Santiago 2:20-26

Las cuatro llaves no son para ganar la salvación; las llaves solo funcionan después de que se recibe la salvación. Una vez que hemos llegado al Reino, hay cosas específicas que podemos elegir hacer para edificar la sustancia de nuestra confianza y fe en el reino espiritual (ver Hebreos 11:1). Las llaves son solo cuatro ejemplos de muchas cosas que se pueden hacer para fortalecer la fe. No se trata de ganar la salvación, de modo que no es aplicable el argumento de las "buenas obras".

Fe es confianza

Ha habido multitud de enseñanzas alrededor de la palabra *fe*. A veces puede parecer que la verdadera definición de la palabra podría estar enroscada. Podría sugerir el uso de otra palabra cuando intentamos expresarnos refiriéndonos a la fe.

La palabra *confianza* es un sustituto excelente que el mundo comprende mucho más claramente. De hecho, podemos rastrear el vocablo confianza hasta dos raíces de palabra del latín: *com* y *fidere*, que juntas quieren decir "con fe". De manera que cuando hablo con no cristianos en la calle y les digo que tengo confianza en que Dios quiere salvar sus almas, estoy diciendo que tengo fe en que Dios quiere salvarlos, literalmente. También, cuando digo que el ayuno edifica mi fe, quiero decir que edifica mi confianza, como lo hace orar en el Espíritu o escuchar palabras proféticas. Este cambio de terminología traerá mucha claridad para algunos de nosotros.

Activación

Sigue las cuatro sugerencias que están a continuación:

1. Escoge un tiempo para ayunar, tal vez una sola comida, un día o una semana, luego hazlo.
2. Toma el hábito de orar en lenguas. Dispone el reloj en tres minutos y ora ahora mismo.
3. Lee La Palabra hasta que el Espíritu Santo resalte un versículo en la página para ti. Puede ser que este versículo te hable de manera íntima o puede parecer una revelación para ti. Lleva esta Palabra en tu corazón todo el día y al día siguiente repítelo.
4. Llama a alguien que dé aliento a tu fe. Invítalo a almorzar contigo. Toma de su fe y déjate ser provocado a un mejor andar con el Señor. Hazle preguntas.

Capítulo trece

Meditación bíblica

Una clase diferente de meditación

LAS RELIGIONES FALSAS DEL mundo, el hinduismo, budismo, islamismo y la Nueva Era, para nombrar algunas, enseñan que la meditación es despojar o vaciar la mente para tener experiencias espirituales. Esto es lo que ellos entienden por meditación.

La Biblia nos enseña a meditar de una forma fundamentalmente distinta, nos dirige a meditar en La Palabra y esperar en Dios. La Biblia nos dice incluso con qué llenar nuestra mente. En ella encontramos cinco categorías en las cuales debemos meditar.

1. Meditar en las cosas buenas.

Muchas personas sufren numerosas enfermedades mentales y emocionales porque solamente meditan en cosas malas y negativas. Proverbios 23:7 (RVR60) dice: *"Porque cual es su pensamiento en su corazón, tal es él..."*, debemos elegir en qué pensamientos nos concentramos. Debido a que nuestros pensamientos nos influencian y nos cambian, nos pueden formar o desarmar; se manifiestan como la vida que vivimos.

Por lo demás, hermanos, todo lo que es verdadero, todo lo honesto, todo lo justo, todo lo puro, todo lo amable, todo lo que es de buen nombre; si hay virtud alguna, si algo digno de alabanza, en esto pensad.

—Filipenses 4:8, RVR60

Sean gratos los dichos de mi boca y la meditación de mi corazón delante de ti, oh Jehová…

—Salmo 19:14, RVR60

Dulce será mi meditación en él; yo me regocijaré en Jehová.

—Salmo 104:34, RVR60

2. Meditar en La Palabra de Dios.

La Biblia es *"inspirada por Dios y útil para enseñar, para reprender, para corregir y para instruir en la justicia, a fin de que el siervo de Dios esté enteramente capacitado para toda buena obra"* (2 Ti. 3:16-17). La importancia de meditar en La Palabra es evidente en sí misma para muchos de nosotros. Pero para dar una buena medida, considera esto:

"Recita siempre el libro de la ley y medita en él de día y de noche; cumple con cuidado todo lo que en él está escrito. Así prosperarás y tendrás éxito" (Josué 1:8)

Uno de mis libros favoritos en La Biblia es el de Proverbios. Cuando lo leo y un versículo me habla a mí, lo repito en voz alta varias veces, lo pondero y lo mastico. Luego llevo ese versículo en mi corazón y en mi mente todo el día. Se transforma en mi pan para ese día. Al día siguiente abro el libro de Proverbios una vez más y extraigo otro trozo de pan. Si encuentro otro modo de incorporar esa palabra para el día en una conversación con alguien, eso me ayuda a recordar el versículo en el futuro. El verdadero valor de la memorización de La Escritura es al aplicarla.

3. Meditar en las palabras proféticas.

Hay muchas cosas que deberíamos hacer con las palabras proféticas: testearlas, juzgarlas, probarlas, guerrear con ellas, orar sobre ellas y andar con ellas. Un aspecto que parece estar poco enseñado es que deberíamos meditar sobre nuestras palabras proféticas. En 1 Timoteo 4:14-15 dice: *"Ejercita el don que recibiste mediante profecía, cuando los ancianos te impusieron las manos. Sé diligente en estos asuntos; entrégate de lleno a ellos, de modo que todos puedan ver que estás progresando"*.

Yo tomo esta categoría muy en serio. De hecho tengo una carpeta de tres anillos que contiene hojas de papel donde imprimí todas las palabras proféticas que he recibido. La llevo conmigo cuando viajo; la leo antes de las reuniones, después de las reuniones, cuando estoy cansado, etcétera. Es una fuente constante de incentivo y mantiene mi visión enfocada en el llamado de mi vida. Así como Pablo le aconsejó a Timoteo, me entrego por completo a mis profecías.

4. Meditar en el Señor mismo.

"En mi lecho me acuerdo de ti; pienso en ti toda la noche" (Salmo 63:6). Teniendo nuestra mente centrada en Dios, incentivamos nuestra continua relación con Él. Hay muchas formas de meditar en el Señor. Una de las más prácticas que he descubierto es concentrarme en sus nombres. Los nombres son equivalentes a naturaleza, por lo tanto, cuando nos reveló sus nombres, Dios nos reveló su naturaleza. Si Él dice que su nombre es *"Jehová Rafa, tu sanador"*, entonces Dios comparte con nosotros que su naturaleza es la de un sanador.

Aquí hay algunos de los nombres del Señor con los que puedes comenzar tu estudio:

El Shaddai: Dios Todopoderoso (ver Génesis 17:1-2).
Jehová-Jireh: El Señor nuestro proveedor (ver Génesis 22:14).
Jehová-Rafa: El Señor nuestro sanador (ver Éxodo 15:22-26).

Jehová-Tsidkenu: El Señor nuestra justicia (ver Jeremías33:16).
Jehová-Nissi: El Señor es mi estandarte (ver Éxodo 17:15).
Jehová-Shalom: El Señor nuestra paz (ver Jueces 6:24).
Jehová-Shammah: El Señor está presente (ver Ezequiel 48:35).
Jehová-Sabaot: El Señor de los ejércitos (ver Romanos 9:29).

Con regularidad salgo a caminar por mi vecindario. Mientras camino oro y hablo con el Señor. Le cuento todo lo que pienso y lo que está en mi corazón. En esos momentos, normalmente, Dios me recuerda alguno de sus nombres. Tal vez le digo que estoy molesto y confundido porque alguien por quien oré no fue sanado. Calma mi corazón y me recuerda que Él es Jehová-Rafa, el Señor mi sanador. Algunas veces mientras oro, le comparto lo débil que soy en cierta área, entonces declaro: "Señor tú eres mi… (justicia, sanador, proveedor, etcétera, y lleno el espacio). Meditar en Dios mismo es una gran parte de mi vida de oración.

5. Meditar en las obras de Dios.

En el Antiguo Testamento la palabra *testimonio* proviene de "hacer de nuevo". La implicancia es que Dios desea repetir sus maravillosas obras cuando hablamos de lo que ha hecho. En el Nuevo Testamento tenemos una confirmación de este principio en Apocalipsis 19:10: "… *el testimonio de Jesús es el espíritu de la profecía*" (RVR60).[19]

Esto significa que cuando traemos a nuestra memoria un testimonio de las obras de Dios, en realidad estamos profetizando que Él puede hacerlo otra vez ahora, porque *"Jesucristo es el mismo ayer y hoy y por los siglos"* (Hebreos 13:8).

Meditar en el recuerdo de una de las obras de Dios es la clave mayor para verla repetirse. El rey David entendió bien esto. Por esa razón,

19. Bill Johnson, *Dreaming With God* [Soñando con Dios], Shippensburg, PA, Destiny Image, 2006, pág. 83.

cuando se encontraba en un período de sufrimiento meditaba en las obras pasadas del Señor. Esto no sólo incentivaba a David, sino que también profetizaba en la atmósfera de que Dios podía hacerlo otra vez.

"Y me pongo a pensar: 'Esto es lo que me duele: que haya cambiado la diestra del Altísimo'. Prefiero recordar las hazañas del Señor*, traer a la memoria sus milagros de antaño. Meditaré en todas tus proezas; evocaré tus obras poderosas"* (Salmos 77:10-12).

"Traigo a la memoria los tiempos de antaño: medito en todas tus proezas, considero las obras de tus manos" (Salmos 143:5).

Es increíblemente importante llevar con nosotros las obras de Dios. Algunas de mis conversaciones favoritas son aquellas en las que puedo contarle a un nuevo amigo las historias de cuando vi a Dios en acción. Por ejemplo, cuando le narro a una persona nueva la historia de cómo desapareció de debajo de mi mano un tumor del tamaño de un limón mientras oraba, la historia vigoriza de nuevo mi espíritu con vida. Mueve el Espíritu de Dios dentro de mí. Cuando hablo en la atmósfera de algo que Dios ha hecho, la atmósfera se vuelve a cargar para que el Señor haga la misma obra otra vez y el nivel de fe se eleva. Llevar los testimonios de lo que Jesús hizo trae vida a la cristiandad muerta. He descubierto que los no cristianos se levantan y se interesan cuando les cuento las historias de lo que vi a Dios hacer. El legalismo y el citar Las Escrituras sin amor han hecho que el mundo se cierre a nosotros, pero la gente escucha con entusiasmo si compartimos las historias de las obras de Dios.

La imaginación es el órgano de meditación de tu espíritu

***"Pido también que les sean iluminados los ojos del corazón** para que sepan a qué esperanza él los ha llamado, cuál es la riqueza de su gloriosa herencia entre los santos"* (Efesios 1:18, énfasis añadido por el autor).

Si Pablo le dijo a los efesios que oraba por ellos, ¿no crees que escogería sus palabras con cuidado? Esto muestra el valor que le daba a recibir iluminación para los ojos espirituales. Los ojos del corazón remiten a la imaginación humana. Esto fue entendido claramente como algo importante en el primer siglo, mientras que en la Iglesia moderna la imaginación ha sido considerada de baja prioridad y movida al margen de la cristiandad. Comúnmente la gente invalida cualquier cosa que venga de la imaginación con declaraciones como: "Es *solo* mi imaginación". Eso es desafortunado y necesitamos dejar de sofocar lo que Dios intenta decirnos por medio de nuestra imaginación. Adán y Eva tenían imaginación antes de la caída de la humanidad. Por lo tanto, la imaginación no es inherente al maligno. Ahora que somos creyentes necesitamos volver a tomar el ámbito de la imaginación y dejar de invalidar todo lo que proviene de ella. Incluso Jesús validó el poder de la imaginación humana:

"Ustedes han oído que se dijo: 'No cometas adulterio'. Pero yo les digo que cualquiera que mira a una mujer y la codicia ya ha cometido adulterio con ella en el corazón" (Mateo 5:27-28).

Jesús dijo que simplemente usar la imaginación es tan válido como haberlo hecho en la vida real. Entiende que si una persona peca en el ámbito de la imaginación, cuando vuelve al reino natural trae consigo la mancha del pecado que acaba de cometer. El ámbito de la imaginación libera realidades verídicas en el reino físico. Queda claro que Jesús habla de esto en un contexto negativo, pero en general valida el poder y la legitimidad de la imaginación. Cuando dice que el adulterio es cometido en el corazón, se refiere a la imaginación humana. Este sería un ejemplo del uso de la imaginación al meditar en sentido negativo. Sin embargo valida el poder y lo real de la imaginación.

La imaginación es el órgano creativo de tu espíritu. Por ejemplo, todos los inventos en la Tierra han salido de la imaginación de alguien. Se ha dicho que "todo lo que existe hoy, una vez fue imaginado". Aun cuando Dios determinó crear la Tierra y cada persona en ella, debió haber imaginado primero lo que estaba por crear. ¡Él tiene una gran imaginación!

Si estás constantemente invalidando tu imaginación cuando estás despierto, Dios comenzará muchas veces a abrir tus ojos espirituales mientras duermes o sueñas. Cuando los sentidos de tu cuerpo y alma físicos descansan, el Señor puede traspasar cualquier resistencia y hablar directamente a tu espíritu.

> *Sin embargo, en una o en dos maneras habla Dios; pero el hombre no entiende. Por sueño, en visión nocturna, cuando el sueño cae sobre los hombres, cuando se adormecen sobre el lecho, entonces revela al oído de los hombres, y les señala su consejo.*
>
> —Job 33:14-16 (RVR60)

Otro autor muestra un punto muy importante acerca de invalidar la imaginación de los niños.

¡Qué niño no ha escuchado algo en su habitación durante la noche? ¿Qué jovencito no ha visto algo en su armario? Deseando confortar a nuestros niños, pero sin la apreciación para los encuentros espirituales, los padres inadvertidamente les enseñan a sus hijos que sus percepciones son irracionales. Encienden las luces para "probar" que no hay nada allí, o abren la puerta del armario y demuestran que era solo su imaginación.

A menudo este es el comienzo de la educación racionalista occidental, que nos entrena para dudar de nuestras experiencias, atribuyéndolas a meras travesuras de una imaginación hiperactiva.

Es tiempo de volver a entrenarnos en la creencia inocente de nuestra niñez temprana. Cuando el pequeño Samuel escuchó una voz que lo llamaba por su nombre en el templo, Eli no respondió: "Sólo estás escuchando ruidos. Mira, encenderé esta lámpara de aceite para comprobar que no hay nadie allí. ¡Tu imaginación te está jugando una mala pasada!". Afortunadamente, Samuel no tuvo necesidad de "deshacer" las enseñanzas erróneas basadas en la falta de entendimiento de lo sobrenatural de Elí. Eso fue una gran ventaja para él en su viaje hasta convertirse en uno de los más grandes profetas de Israel (ver Samuel 3:1-10). [20]

---

20. Lucas Sherraden, *When Heaven Opens, Discovering the Power of Divine Encounters* [Cuando los cielos se abren, descubriendo el poder de los encuentros divinos], Stafford, TX, Lucas Sherraden Ministries, 2006.

Usa tu imaginación

La imaginación es similar a una televisión; esencialmente, no es buena ni mala. Como en un televisor, el mal puede proyectarse en la imaginación, pero eso no hace que la imaginación sea mala. A la inversa, la programación cristiana y educativa puede ser proyectada en el televisor, pero eso no hace que el televisor sea justo. El televisor y la imaginación son siempre meros conductos.

La imaginación es como la pantalla del televisor, y existe la oportunidad de que proyecte las cosas de la carne o las cosas del espíritu. El objetivo es proyectar en la imaginación las cosas justas y rectas del espíritu. Esto se logra con la meditación bíblica.

Dios puso imaginación en cada persona; no es producto de la caída de Adán. Hay evidencia de la imaginación de Adán cuando nombró a los animales, antes de caer en pecado. Tenemos que tener cuidado de no invalidad la voz de nuestro discernimiento cuando viene de nuestra imaginación. Dios puso la imaginación en ti e intenta hablarte por medio de ella.

Experimenta La Palabra

La meta de operar nuestra imaginación a través de la meditación bíblica es entrar en una experiencia interactiva.

> *Ciertamente,* ***la palabra de Dios es viva y poderosa****, y más cortante que cualquier espada de dos filos. Penetra hasta lo más profundo del alma y del espíritu, hasta la médula de los huesos, y juzga los pensamientos y las intenciones del corazón.*
>
> —Hebreos 4:12, énfasis añadido por el autor

Consideremos cuidadosamente lo que dice este versículo. Hace una sorprendente declaración que tiene efectos a gran alcance. Si algo está vivo, entonces puedes interactuar con ello y te responderá y se comunicará contigo. Si alguien está muerto, puedes hablarle todo el día, pero no experimentarás nada con él. Si está vivo podemos hablarnos e interactuar. Si tengo una estatua de un perro, tengo un perro, pero no está vivo. Esto es similar a toda la gente que se acerca a La Palabra. En realidad La Palabra es como tener un cachorrito; está vivo y activo y cuando te acercas a Dios, Él se acerca a ti (ver Santiago 4:8). Cuando abro La Palabra y estoy listo para experimentar algo con ella, me recibe como un cachorrito que le da la bienvenida a casa a su dueño. Esta vida y actividad que muestra el cachorrito, nos da una imagen de cómo La Palabra "salta" sobre nosotros para que anhelemos interactuar con ella.

Jesús también declaró: *"El Espíritu da vida; la carne no vale para nada. Las palabras que les he hablado son espíritu y son vida"* (Juan 6:63). La Palabra está viva y habita en el espíritu porque es espíritu. No podemos leerla solo con nuestra mente carnal; debemos captarla en nuestro espíritu para poder leerla de manera apropiada. Debemos meditar en ella en nuestro espíritu y en nuestra imaginación.

En Juan 17:17, Jesús oró por sus discípulos: *"Santifícalos en la verdad; tu palabra es la verdad"*. Un pensamiento interesante acerca de este versículo es que la raíz de la palabra "verdad" también quiere decir "realidad" (del griego: *aletheia*). El *Diccionario expositivo* de Vine define "verdad" como "la realidad que yace en la base de algo aparente; la esencia manifiesta y auténtica de un asunto"[21] (me explayaré más en este tema en el próximo capítulo).

Por lo tanto, La Palabra de Dios tiene una realidad o un ámbito dentro, y podemos entrar en la realidad de cada versículo. Ella nos fue dada para que podamos entrar en esta realidad con regularidad. La Palabra y el Espíritu Santo son nuestra guía en este ámbito; Jesús dijo que el Espíritu Santo nos guiará a toda verdad.

Así que el Espíritu Santo es nuestro guía en la realidad o el ámbito de La Palabra. Hay innumerables testimonios de cristianos que tuvieron experiencias proféticas cuando entraron en uno de estos ámbitos

---

21. W. E. Vine, *Vine Diccionario expositivo de palabras del Antiguo y del Nuevo Testamento exhaustivo*, San José, Editorial Caribe Betania, 1999.

de La Palabra. Esto debería estimularnos e inspirarnos a entrar y experimentar, nosotros mismos, sus realidades.

Habitaciones celestiales

Si todavía te preguntas cómo puedes entrar en los ámbitos de La Palabra, déjame compartir un ejemplo personal. En noviembre de 2005, asistí a una conferencia en Harrisburg, Pensilvania. Un amigo mío puso su mano en mi pecho para orar, y en el acto tuve una reacción muy poderosa. En lo físico, sentí como si un fuego hubiese entrado en mi pecho, me dolía tanto que empecé a asustarme. Me desplomé en el suelo y entré en una experiencia profética. Volví a mi conciencia física dos horas más tarde. Durante esta experiencia, el Señor me mostró cuatro habitaciones diferentes del cielo.

La primera habitación parecía un depósito con estantes llenos de partes del cuerpo. Pensé que podían ser utilizados para las personas que necesitan sanidad física. Creo en esto cuando oramos, Dios ya tiene las partes listas y de alguna manera deposita estas partes en las personas y son sanadas.

La segunda habitación estaba repleta de diamantes. Cuando tomé uno y lo observé más de cerca, pude ver el rostro de una persona en cada uno. Entiendo que esta es la forma en la que Jesús nos ve a cada uno de nosotros. Di vuelta el diamante en mi mano y pude ver a través de él de una manera nueva, y vi distintas facetas del carácter de la persona. Tú eres literalmente una de las gemas de Dios; Él te atesora como a un diamante.

La tercera habitación estaba llena de billetes, de dinero de todos los colores, formas y medidas. Pensé que tenía frente a mí una representación de todos los tipos de dinero de la Tierra. El Señor me mostraba su cámara de finanzas; era una visión profética de "sus riquezas en gloria" (Filipenses 4:19, RVR60). Cuando me mostró esto me dio paz saber que Él tiene toda la provisión y que siempre puede cuidar de mí; esto fortaleció en gran manera mi fe.

La última habitación era cálida y húmeda; parecía redonda, era como estar dentro de una pelota. Las paredes eran rosadas y algo de color piel. Vi a Jesús de pie cerca de mí, y le pregunté qué era esta habitación. Él respondió: "Esta es la realidad de Colosenses 3:3". Y escuché el versículo resonando en mi espíritu: *"Pues ustedes han muerto y su vida está escondida con Cristo en Dios"* (Colosenses 3:3). Me di cuenta que en la visión, yo estaba dentro del corazón de Dios el Padre, escondido con Cristo. Realmente estaba parado dentro del corazón de Dios.

Este es un ejemplo de cómo podemos entrar en el ámbito de La Palabra. Pero este es solo un versículo. Creo que cada versículo tiene un potencial profético, que toda La Palabra está viva y es poderosa, y está lista para atraernos, que toda ella es verdad y tiene un ámbito al cual podemos entrar. Ahora, Colosenses 3:3 siempre tendrá para mí un significado personal, porque lo experimenté.

¿Es peligrosa la imaginación?

Cuando estamos buscando al Señor en la persona de Jesucristo, no tenemos por qué tener miedo. Jesús dijo:

> *¿Quién de ustedes que sea padre, si su hijo le pide un pescado, le dará en cambio una serpiente? ¿O si le pide un huevo, le dará un escorpión? Pues si ustedes, aun siendo malos, saben dar cosas buenas a sus hijos, ¡cuánto más el Padre celestial dará el Espíritu Santo a quienes se lo pidan!*
>
> —LUCAS 11:11-13

Sí, es verdad que hay escorpiones y serpientes en el mundo de la imaginación maligna. Pero cuando estamos en búsqueda de Dios en La Palabra por medio de la imaginación, sería un insulto a la naturaleza del Señor tener miedo de recibir algo peligroso. Dios es suficientemente poderoso como para protegernos y nosotros no tenemos que temer. Este temor de la imaginación es el resultado de una visión débil del Señor y de una imprecisa visión de la fuerza del diablo. Dios quiere que entremos y nos protegerá cuando lo hagamos.

Activación

Usa tu imaginación para entablar la meditación en cada una de las cinco categorías de la meditación bíblica. Te aliento a que actives tu espíritu y te sumerjas en La Palabra cada vez que leas La Biblia; haz de esto una práctica regular.

1. Meditar en las cosas buenas.
2. Meditar en La Palabra de Dios. (Los siguientes son pasajes buenos para comenzar a ver: Isaías 6; Apocalipsis 1;4;22; Ezequiel 37;47; Daniel 10).
3. Meditar en las palabras proféticas.
4. Meditar en el Señor mismo.
5. Meditar en las obras de Dios.

Capítulo catorce

Adorar en espíritu y en verdad

ME ENCONTRABA CON 5000 líderes de grupos hogareños en una iglesia en Manaus, Brasil. Durante la adoración la presencia de Dios era increíblemente tangible. Entonces Gary Oats se levantó para hablar y la presencia de Dios lo sobrecogió y lo arrojó al piso en la plataforma. Randy Clark se volvió hacia la esposa de Gary, Kathi, y le dijo que tomara la reunión. Tan pronto como ella tomó el micrófono, comenzó a profetizar sobre la nación de Brasil, y un viento poderoso empezó a soplar en toda la iglesia.

Gary Oats describió el viento en sus propias palabras: "Adentro, el viento azotaba alrededor igual que en el día de Pentecostés, un viento poderoso había entrado en ese lugar"[22].

Hizo volar violentamente las macetas con plantas que estaban en el escenario y dos puertas arqueadas que quedaron abiertas sobre la plataforma. Mientras esto sucedía, yo me paré fuera de la iglesia para ver si había alguna explicación natural para ese viento. Afuera todo estaba misteriosamente calmo y pacífico, no había viento ni ningún movimiento. Lo que sucedía dentro de la iglesia era claramente sobrenatural; el viento era tan poderoso que hizo volar toda una sección de 400 sillas vacías. Randy se levantó y llamó al equipo de ministros para que oraran por los enfermos mientras continuaba el viento.

Los miembros del equipo contarían de los vientos fuertes que

22. Gary Oates, *Open my Eyes, Lord* [Abre mis ojos, Señor], Dallas, GA, Open Heaven Publications, 2004, pág. 100.

soplaban de manera circular alrededor de ellos mientras ministraban. También llegaron informes de que cada persona por la que se oró ese día fue sanada instantáneamente.[23]

Los sordos, en particular, parecían recibir sanidad. Este viento duró aproximadamente dos horas mientras oramos por los enfermos.

Creo que la adoración excepcionalmente poderosa fue la clave mayor en la manifestación de la presencia que bajó ese día. Ellos tenían un alto nivel de avance en el ámbito de la adoración. Hay más en la adoración del Nuevo Testamento de lo que la mayor parte de la iglesia ha realizado. Jesús trajo un cambio increíble en este área en el Nuevo Testamento.

La ubicación es la clave para la adoración

En Juan 4 encontramos a Jesús sentado cerca de un pozo hablando con una mujer samaritana. A Él, como siempre, no le preocupan los tabúes culturales que viola. Interactuar con una samaritana era una vergüenza, y estar interactuando con una mujer era un golpe doble. Jesús procede y entabla con la mujer una discusión acerca de la adoración. Entonces ella le trae una pregunta culturalmente controversial. ¿Dónde es el lugar apropiado para adorar, donde adoran los judíos o donde adoran los samaritanos?

"Señor, me doy cuenta de que tú eres profeta. Nuestros antepasados adoraron en este monte, pero ustedes los judíos dicen que el lugar donde debemos adorar está en Jerusalén" (Juan 4:19-20).

Jesús, que está siempre un paso delante, le da una respuesta totalmente inesperada. Le cuenta de una ubicación completamente nueva para adorar de manera apropiada. Dice que el lugar de adoración de los judíos y el lugar de adoración de los samaritanos serán anulados, y que se prepara un nuevo lugar.

23. Ibid.

> *Créeme, mujer, que se acerca la hora en que ni en este monte ni en Jerusalén adorarán ustedes al Padre. Ahora ustedes adoran lo que no conocen; nosotros adoramos lo que conocemos, porque la salvación proviene de los judíos. Pero se acerca la hora, y ha llegado ya, en que los verdaderos adoradores rendirán culto al Padre en espíritu y en verdad, porque así quiere el Padre que sean los que le adoren. Dios es espíritu, y quienes lo adoran deben hacerlo en espíritu y en verdad.*
>
> —JUAN 4:21-24

La pregunta de esta mujer se refiere a la ubicación de nuestra adoración. Jesús dice que las ubicaciones previas de adoración, ya sea en este monte o en Jerusalén, ya no se utilizarían más. Luego habla de un nuevo lugar de adoración que vendría en el futuro. La adoración debe tomar lugar en espíritu y verdad. Como Dios es espíritu, nuestra adoración debe ser en el ámbito del espíritu.

Tenemos que reconocer el fuerte imperativo de esta declaración: "*... quienes lo adoran* ***deben****...*". A nuestra adoración le falta un elemento fundamental a menos que ganemos entendimiento en aquello que el versículo nos dice que debemos hacer. Toma un momento y reflexiona en cómo has entendido este pasaje en el pasado o cómo has escuchado esta enseñanza ahora. La mayor parte de las personas nunca han sido entrenadas para buscar más en profundidad y encontrar la forma de adorar a Dios adecuadamente como espíritu, a pesar de que la clave se encuentra justo debajo de nuestra nariz.

En espíritu y en verdad

La palabra *espíritu* en Juan 4:24 podría referirse al espíritu humano, al Espíritu Santo o al reino espiritual. En griego hay una palabra para espíritu (*pnuema*), y puede ser difícil establecer a qué significado de *espíritu* se refiere. Para determinar su significado, debemos siempre observar el contexto. La mejor manera de hacerlo sería entender lo que quiere decir la palabra *verdad.*

El prolífico autor y maestro Watchman Nee, nos brinda el siguiente conocimiento de Juan 4:

> ¿En qué consiste la realidad espiritual? El Señor dijo que *"Dios es espíritu, y quienes lo adoran deben hacerlo en espíritu y en verdad* [realidad]" (Juan 4:24, aclaración añadida por el autor). La palabra "verdad" también significa "realidad".
>
> Como mencioné en el capítulo anterior, el *Diccionario expositivo* de Vine define "verdad" (del griego: *aletheia*) como "la realidad que yace en la base de algo aparente; la esencia manifiesta y auténtica de un asunto"[24].
>
> El Señor dijo: *"Pero cuando venga el Espíritu de la verdad* [realidad]*, él los guiará a toda la verdad* [realidad]*"* (Juan 16:13, aclaración añadida por el autor). Y en 1 Juan 5:6 dice: *"El Espíritu es quien da testimonio de esto, porque el Espíritu es la verdad* [realidad]*"* (aclaración añadida por el autor). Esto nos muestra que Dios es Espíritu; y por tanto, todo lo que se relaciona con Él tiene que llevarse a cabo en espíritu. El Espíritu de verdad es el Espíritu de realidad. Por consiguiente, esta realidad espiritual tiene que estar en el Espíritu Santo.
>
> Porque sólo lo que está en Él es real. Esta realidad espiritual va más allá de las personas y cosas. Como podemos ver, el Espíritu Santo sustenta todo lo espiritual, así que lo que esté separado del Espíritu, viene a ser letras y prácticas lo cual es muerte. Para que lo espiritual sea real, vivo y orgánico, debe estar en el Espíritu Santo, el cual nos guía a toda realidad. En consecuencia, lo que recibimos por medio de los oídos, la mente, las sensaciones o de cualquier experiencia que adquiramos sin ser guiados por el Espíritu Santo, no es realidad espiritual. Debemos tener presente que cualquier obra que Dios realice es efectuada por el Espíritu Santo, quien es el ejecutor

24. W. E. Vine, *Vine Diccionario expositivo de palabras del Antiguo y del Nuevo Testamento exhaustivo*, San José, Editorial Caribe Betania, 1999.

de todo lo espiritual. Sólo aquello que procede del Espíritu Santo es una realidad.[25]

No adoramos a Dios meramente en el reino físico; tenemos que tocar y pinchar en la realidad espiritual. Es la realidad espiritual de Jesús la que trae vida, no solo el conocimiento físico. Todo en el Reino de Dios se relaciona con entrar en la realidad espiritual. Es el Espíritu el que trae vida, y somos ministros del Espíritu.

"... Dios, el cual asimismo nos hizo ministros competentes de un nuevo pacto, no de la letra, sino del espíritu; porque la letra mata, mas el espíritu vivifica" (2 Corintios 3:5-6, RVR60).

El libro de Apocalipsis nos muestra que Juan practicaba esta nueva adoración en su vida personal: *"Yo estaba en el Espíritu en el día del Señor..."* (Apocalipsis 1:10). En este punto, se encontraba exiliado en la isla de Patmos sin una iglesia o una comunidad que lo apoyara, pero aun así seguía entrando en el Espíritu en adoración. En este ejemplo podemos ver que podemos entrar en el reino espiritual y adorar en cualquier momento y en cualquier lugar.

El tabernáculo de David

Uno de los más increíbles eventos de adoración corporativa del Antiguo Testamento ocurrió bajo el liderazgo de tres videntes: Asaf, Heman y Jedutún. Ellos eran los mismos tres videntes que guiaban la adoración continua en el tabernáculo de David durante 40 años. Además, cada uno de ellos escribió salmos, que están contenidos en nuestras Biblias modernas (para más información, revisa el capítulo 5: "Profetas y videntes"). En la dedicación del templo de Salomón, mientras el pueblo alababa al Señor al unísono, la gloria de Dios bajó como una nube:

---

25. Watchman Nee, *El Espíritu Santo y la realidad*, Anaheim, CA, Living Stream Ministry, 2001, págs. 7-8.

"...entonces la casa se llenó de una nube, la casa de Jehová. Y no podían los sacerdotes estar allí para ministrar, por causa de la nube; porque la gloria de Jehová había llenado la casa de Dios" (2 Crónicas 5:13-14, RVR60).

El centro de nuestra atención está en los tres videntes que ministraban cuando esto sucedió. Dios disfrutó tanto la adoración que crearon estos tres hombres en el tabernáculo y en el servicio de dedicación que liberó su presencia manifiesta. El Señor amó tanto la adoración en el tabernáculo de David, que es el único modelo de adoración del Antiguo Testamento que es llevado al Nuevo Testamento.

Todos los sacrificios de animales y todos los altares del Antiguo Testamento son dejados atrás en el Nuevo Testamento a favor de lo que el libro de Hebreos llama un mejor pacto (ver Hebreos 8:6-13). La única excepción es una profecía oscura en Amós que dice que Dios volverá a levantar el tabernáculo de David:

"En aquel día yo levantaré el tabernáculo caído de David, y cerraré sus portillos y levantaré sus ruinas, y lo edificaré como en el tiempo pasado" (Amós 9:11, RVR60)

Cientos de años más tarde, al fin llegó el día en el que el Nuevo Testamento declara que Dios ha restablecido el tabernáculo de David. Pedro se puso de pie delante de los gentiles en la casa de Cornelio y, en esencia, les dijo que Dios había preparado un lugar para adorar al que pueden acceder todas las personas en todo momento.

> *Y con esto concuerdan las palabras de los profetas, como está escrito:* ***Después de esto volveré y reedificaré el tabernáculo de David, que está caído; y repararé sus ruinas, y lo volveré a levantar****, para que el resto de los hombres busque al Señor, y todos los gentiles, sobre los cuales es invocado mi nombre, dice el Señor, que hace conocer todo esto desde tiempos antiguos.*
>
> —HECHOS 15:15-18 (RVR60, ÉNFASIS AÑADIDO POR EL AUTOR)

Una parte de esta restauración, comunmente pasada por alto, es la restauración de los videntes en el ámbito de la adoración. Dios desea restaurar la adoración continua e interactiva del tabernáculo de David.

Los videntes tienen que ser restablecidos al Cuerpo de Cristo para que la adoración davídica sea completamente restaurada. Prepárate para escuchar más acerca de líderes de adoración que escriben canciones del cielo, para ver ángeles durante la adoración y para ser dirigidos por la presencia del Señor. Esta restauración está en marcha.

Activación

Deja a un lado este libro y pon tu música de adoración favorita. Cierra los ojos y penetra en la adoración. Mientras lo haces, pídele al Señor que te muestre lo que sucede en el reino espiritual a tu alrededor. Tal vez haya seres espirituales u objetos en la habitación contigo. El siguiente paso es preguntarle al Señor si debes hacer algo para entrar en la experiencia espiritual de adoración. Quizás si puedes ver, en el espíritu, agua que está en la habitación, Él podría dirigirte a arrodillarte en el agua y refrescarte. Levántate en fe y haz lo que el Señor te indique. Puedes entrar en una experiencia interactiva en adoración cuando lo desees, por fe.

Capítulo quince

Dios nos confía sus secretos

¡TENGO NOTICIAS MARAVILLOSAS! ¡EL Señor tiene secretos, y quiere confiárselos a su pueblo! Incluso Él limita sus movimientos y actividades hasta que encuentra a alguien con quien compartir lo que está por hacer. El profeta Amós lo dijo de esta forma: *"Porque no hará nada Jehová el Señor, sin que revele su secreto a sus siervos los profetas"* (Amós 3:7, RVR60).

Un ejemplo claro en el que Dios revela su secreto antes de realizar el movimiento se encuentra en la historia de Sodoma y Gomorra. El Señor habló primero con su siervo Abraham sobre lo que estaba a punto de hacer, y le dio la oportunidad de interceder a favor de las dos ciudades: *"¿Le ocultaré a Abraham lo que estoy por hacer?"* (Génesis 18:17). Él desea compartir con nosotros sus secretos y escuchar nuestra opinión. También hubo tiempos en que Dios compartió su plan secreto de aniquilar a un pueblo de Israel desobediente, y Moisés le pidió a Dios que no los destruyera (ver Éxodo 32).

Cuando comencemos a movernos en esto de ver y en lo profético, el Señor a veces nos revelará más de sus secretos. Recuerda, Dios no hará nada sin antes revelar sus secretos a sus siervos los profetas. Notemos que aquí se refiere específicamente a ellos, no sus siervos los sacerdotes o sus siervos los reyes. Aquellos que están inclinados hacia Dios para escuchar su voz y ver en el espíritu, son a quienes Él confiará sus secretos.

Nos encontramos bajo el Nuevo Pacto, en el que Jesús dijo que todas sus ovejas pueden oír su voz (ver Juan 10:27). No estoy diciendo que solo los profetas pueden oír al Señor y recibir sus secretos. Sino que el Señor toma nota de aquellos en quienes puede confiar con su Palabra. El apóstol Pablo va más allá para definir nuestra identidad de esta manera: *"Que todos nos consideren servidores de Cristo, encargados de administrar los misterios de Dios"* (1 Corintios 4:1).

Ejemplos de que Dios tiene secretos

> ***El secreto de Jehová*** *es para los que le temen; y a ellos hará conocer su alianza.*
>
> —SALMO 25:14 RVR, *énfasis añadido por el autor*

> *De todo esto has tenido noticia, ¿y no vas a proclamarlo? Desde ahora te haré conocer cosas nuevas;* ***cosas que te son ocultas*** *y desconocidas.*
>
> —ISAÍAS 48:6, *énfasis añadido por el autor*

> *En aquel tiempo Jesús dijo: "Te alabo, Padre, Señor del cielo y de la tierra, porque* ***habiendo escondido estas cosas*** *de los sabios e instruidos, se las has revelado a los que son como niños. Sí, Padre, porque esa fue tu buena voluntad.*
>
> —MATEO 11:25-26, *énfasis añadido por el autor*

> *He aquí se cumplieron las cosas primeras, y yo anuncio cosas nuevas;* ***antes que salgan a luz, yo os las haré notorias****.*
>
> —ISAÍAS 42:9, RVR60, *énfasis añadido por el autor*

> ***Lo secreto le pertenece al SEÑOR*** *nuestro Dios, pero lo revelado nos pertenece a nosotros y a nuestros hijos para siempre, para que obedezcamos todas las palabras de esta ley.*
>
> —DEUTERONOMIO 29:29, *énfasis añadido por el autor*

Gloria de Dios es ***encubrir un asunto****; pero honra del rey es escudriñarlo.*

—PROVERBIOS 25:2 RVR60, *énfasis añadido por el autor*

Antes bien, como está escrito: Cosas que ojo no vio, ni oído oyó, ni han subido en corazón de hombre, son las que Dios ha preparado para los que le aman. Pero Dios nos las reveló a nosotros por el Espíritu; porque el Espíritu todo lo escudriña, aun lo profundo de Dios.

—1 CORINTIOS 2:9-10, RVR60

Administración apropiada

Cada uno de los secretos que el Señor nos muestra conlleva un peso de responsabilidad. Bill Johnson dice: "Al ocultar la revelación a aquellos que no están hambrientos, Dios, en realidad, los protege de que fallen al llevar la responsabilidad que esto les traería. Entonces lo oculta"[26]. Sé cuidadoso de lo que pides, porque tienes responsabilidad por las revelaciones que el Señor te muestra.

Por ejemplo, cuando Saulo tuvo una poderosa revelación del Señor Jesucristo en el camino a Damasco, llevar esa revelación se transformó en su responsabilidad. Cuanto más grande es la revelación, más pesada es la responsabilidad que tenemos. Ten cuidado con el nivel de revelación que deseas, porque te será atribuida esa responsabilidad: *"A todo el que se le ha dado mucho, se le exigirá mucho; y al que se le ha confiado mucho, se le pedirá aun más"* (Lucas 12:48b).

"El que es honrado en lo poco, también lo será en lo mucho; y el que no es íntegro en lo poco, tampoco lo será en lo mucho" (Lucas 16:10),

"No den lo sagrado a los perros, no sea que se vuelvan contra ustedes y los despedacen; ni echen sus perlas a los cerdos, no sea que las pisoteen" (Mateo 7:6).

---

26. Bill Johnson, *Dreaming With God* [Soñando con Dios], Shippensburg, PA, Destiny Image, 2006, pág. 60.

Si Jesús comparte un secreto contigo, debe ser tratado como una perla. Sé un buen administrador de lo que Él te revela. Hay algunas personas que, por ignorancia o por tener una mente limitada, cuando compartamos los secretos de Dios con ellos, no lo recibirán como algo bueno. Pisotearán lo que les hemos compartido y nos despedazarán. Jesús nos aconseja que seamos sabios y que discernamos con quién compartir los secretos.

Eclesiastés 3:7 nos dice que hay *"un tiempo para callar, y un tiempo para hablar"*. No todos los secretos que el Señor nos muestra deben permanecer en secreto por siempre. Tal vez hay un tiempo en el que esa revelación debe ser liberada. Muchas personas comparten lo que Dios les ha mostrado demasiado pronto, y esto los frena de tener revelaciones más profundas porque no son confiables.

Tenemos que asegurarnos de que es correcto compartir nuestra información antes de adelantarnos a Dios. Pregúntale a Él si es sabio compartir tu revelación. Si sientes algún tipo de duda en tu espíritu, espera hasta que tengas paz con respecto a compartirlo. Esto podría evitar que surjan muchas críticas y confianza quebrantada. Hay un tiempo para callar y un tiempo para hablar, y algunos secretos son revelados con el tiempo. Revelarlos temprano sería como tener un bebé prematuro, es muy peligroso y da mucho más trabajo que si se le hubiese dado el tiempo de maduración.

Escuché a Larry Randolph decir: *"La verdadera prueba de un profeta no es lo que sabe, sino lo que muere sabiendo"*. Hay revelaciones que Dios nos confiará, y en base a nuestra fidelidad seremos probados en guardar sus secretos. Algunas de estas cosas quedarán entre nosotros y Él para toda nuestra vida, y Él nos hará responsables de estos secretos. Hay cosas que, por nuestra relación, comparto sólo con mi esposa. Son cosas que solo ella llevará toda su vida, y una porción de su fidelidad puede probarse por cómo guarda esos secretos. Nuestra relación con Jesús, nuestro novio, es similar.

José

La historia de José es una de tantas historias familiares. En Génesis 37 aprendemos que José, siendo un jovencito, tuvo dos sueños proféticos por parte del Señor mientras dormía. Le contó a su familia acerca de los sueños y ellos se dividieron en dos tipos de reacciones. Su padre lo reprendió por lo que parecía arrogancia, y sus hermanos lo odiaron aun más:

> *Sus hermanos replicaron: "¿De veras crees que vas a reinar sobre nosotros, y que nos vas a someter?". Y lo odiaron aun más por los sueños que él les contaba. Después José tuvo otro sueño, y se lo contó a sus hermanos. Les dijo: "Tuve otro sueño, en el que veía que el sol, la luna y once estrellas me hacían reverencias". Cuando se lo contó a su padre y a sus hermanos, su padre lo reprendió: "¿Qué quieres decirnos con este sueño que has tenido? —le preguntó—. ¿Acaso tu madre, tus hermanos y yo vendremos a hacerte reverencias?".* ***Sus hermanos le tenían envidia, pero su padre meditaba en todo esto.***
>
> —GÉNESIS 37:8-11, *énfasis añadido por el autor*

Sus hermanos y su padre respondieron de manera muy diferente a la misma revelación de Dios. Imagina si José no les hubiese contado a sus hermanos, sino sólo a su padre. Su vida podría haber sido muy distinta. La única diferencia en la historia es el oyente. Conoce a tu audiencia antes de compartir tus secretos.

Otro principio que podemos extraer de esta historia es que tu padre espiritual será con quien estarás más seguro para compartir tu revelación secreta, en lugar de aquellos que están en tu mismo nivel. La envidia es un asunto común entre hermanos (Jacob y Esaú, David y sus hermanos, Raquel y Lea).

El apóstol Juan

Por más de 2000 años, millones de personas han leído el libro de Apocalipsis. En el capítulo 10, sólo el apóstol Juan pudo escuchar en privado lo que hablaban los siete truenos. Jesús le confió a Juan esta revelación y le dijo que no la escribiera para nosotros. Esto era un asunto muy íntimo que el Señor le pidió a Juan que hiciera. Fue una revelación privada, sólo para los oídos de Juan.

> *Y dio un grito tan fuerte que parecía el rugido de un león. Entonces los siete truenos levantaron también sus voces. Una vez que hablaron los siete truenos, estaba yo por escribir, pero oí una voz del cielo que me decía: "Guarda en secreto lo que han dicho los siete truenos, y no lo escribas".*
>
> —Apocalipsis 10:3-4

El cabello de Sansón

El Señor envió un ángel a los padres de Sansón antes de que naciera. Les trajo un mensaje profético acerca del niño que venía en camino y les dijo que su hijo sería nazareo, que significa que no debían cortarle el cabello ni permitirle beber alcohol ni tocar el cuerpo de un muerto. Es importante notar que el ángel nunca mencionó la increíble fuerza de Sansón ni el secreto de su debilidad. Los padres de Sansón estarían tan sorprendidos como cualquiera.

> *Cierto hombre de Zora, llamado Manoa, de la tribu de Dan, tenía una esposa que no le había dado hijos porque era estéril. Pero el ángel del Señor se le apareció a ella y le dijo: "Eres estéril y no tienes hijos, pero vas a concebir y tendrás un hijo. Cuídate de no beber vino ni ninguna otra bebida fuerte, ni tampoco comas nada impuro, porque concebirás y darás a luz un hijo. No pasará la navaja sobre su cabeza, porque el niño va a ser nazareo, consagrado*

a Dios desde antes de nacer. Él comenzará a librar a Israel del poder de los filisteos".

—JUECES 13:2-5

Yo creo que el secreto de la fuerza de Sansón fue una revelación personal del Señor a Sansón. En algún punto él llegó a entenderlo, teniendo en mente que el ángel nunca se lo reveló. La caída de Sansón fue el resultado de que compartiera su revelación personal con Dalila:

Al fin se lo dijo todo. "Nunca ha pasado navaja sobre mi cabeza — le explicó—, porque soy nazareo, consagrado a Dios desde antes de nacer. Si se me afeitara la cabeza, ***perdería mi fuerza, y llegaría a ser tan débil como cualquier otro hombre****".*

—JUECES 16:17, *énfasis añadido por el autor*

Mi conjetura es que el poder no estaba solamente en su cabello sino en su cabeza, pero también contenido en su habilidad para administrar la revelación secreta del Señor. Cuando compartió la revelación, el resultado final fue que ese secreto se utilizó en su contra.

"Después de hacerlo dormir sobre sus rodillas, ella llamó a un hombre para que le cortara las siete trenzas de su cabello. Así comenzó a dominarlo. Y su fuerza lo abandonó" (Jueces 16:19).

Si Dios nos confía una revelación privada, debemos tener cuidado de ser buenos administradores de su confianza. Si Dios puede confiar en nosotros, nos puede dar poder, pero si traicionamos esa confianza, llegaríamos a ser "tan débiles como cualquier otro hombre" (ver Jueces 16:7,11,13).

No sólo se convirtió en un hombre débil como cualquier otro, sino que el enemigo tomó ventaja de la situación, le arrancó los ojos y lo puso en esclavitud laboriosa. Esta es una imagen profética de lo que puede sucedernos espiritualmente cuando fallamos en administrar correctamente los secretos del Señor.

El rey Ezequías

El rey Ezequías fue extremadamente bendecido por el Señor en bienes materiales. Tenía riquezas, favor, plata, oro, especias, escudos, piedras preciosas, ganado, granos, etcétera. Un día, los príncipes de Babilonia enviaron embajadores a investigar qué sucedía en Israel. La Palabra dice que Dios dejó a Ezequías para probarlo y para conocer lo que había en su corazón (ver 2 Crónicas 32:27-31).

> *Ezequías se alegró al recibir esto, y les mostró a los mensajeros* ***todos sus tesoros****: la plata, el oro, las especias, el aceite fino, su arsenal y todo lo que había en ellos. No hubo nada en su palacio ni en todo su reino que Ezequías no les mostrara.*
>
> —2 REYES 20:13, ÉNFASIS AÑADIDO POR EL AUTOR

El rey Ezequías no ejerció ninguna discreción al revelar las riquezas que Dios le había dado. El manejo de las riquezas fue la prueba que el Señor utilizó para evaluar su carácter. Ezequías desaprobó a lo grande.

> *Entonces el profeta Isaías fue a ver al rey Ezequías y le preguntó: "¿Qué querían esos hombres? ¿De dónde vinieron?". "De un país lejano —respondió Ezequías—. Vinieron a verme desde Babilonia". "¿Y qué vieron en tu palacio?", preguntó el profeta. "Vieron todo lo que hay en él — contestó Ezequías—. No hay nada en mis tesoros que yo no les haya mostrado".*
>
> —2 REYES 20:14-15

Al igual que Sansón, Ezequías recibió juicio por fallar en la administración apropiada. Es imperativo que aprendamos a ser buenos administradores en quienes el Señor pueda confiar. Las pruebas llegarán; que todos nosotros pasemos por el fuego ilesos.

> *Entonces Isaías le dijo: "Oye la palabra del SEÑOR: Sin duda vendrán días en que todo lo que hay en tu palacio, y todo lo que tus antepasados atesoraron hasta el día de hoy, será llevado a Babilonia. No quedará nada, dice el SEÑOR. Y algunos de tus hijos y*

de tus descendientes serán llevados para servir como eunucos en el palacio del rey de Babilonia".

—2 REYES 20:16-18; ISAÍAS 39:5-7

Los secretos son una bendición

Este capítulo ha tenido mucha enseñanza acerca de la precaución. Quiero volver a enfatizar que es una bendición recibir los secretos del Señor, y, si los administramos correctamente, podemos disfrutar la bendición sin preocuparnos. Procuremos diligentemente tener revelación de Dios: "*En realidad, sin fe es imposible agradar a Dios, ya que cualquiera que se acerca a Dios tiene que creer que él existe y que* ***recompensa a quienes lo buscan***" (Hebreos 11:6, énfasis añadido por el autor).

Activación

Jesús dijo que el Espíritu Santo nos contaría las cosas que vendrán (ver Juan 16:13). Pídele al Señor que te muestre un secreto sobre tu futuro. Una vez que te haya mostrado algo, pregúntale si puedes compartirlo, con quién y cuándo.

Escribe la fecha de hoy, la guía que Dios te dio y cuándo (o si) puedes compartir el secreto.

Capítulo dieciséis

De gloria en gloria

YA SE HA DICHO mucho sobre cómo andar en amor, aumentar el discernimiento, etcétera. En este punto, quiero terminar el libro con esta nota final: busca continuamente más. Antes de leer este libro, tenías ciertos puntos de vista, opiniones y conocimientos que espero hayan sido extendidos y desafiados.

Mi objetivo no fue sólo darte más información, sino crear hambre dentro de ti para volver a despertar ese deseo de obtener más vida espiritual en Jesús. ¡Necesitamos insistir en progresar, en crecer, en tener más! Quiero usar este capítulo para exhortarte y recordarte que esta es la misma naturaleza del Reino de Dios: progresar. La Palabra dice que nos movemos:

> De gracia en gracia (Juan 1:16).
> De fuerza en fuerza (Salmo 84:7).
> De fe en fe (Romanos 1:17).
> De gloria en gloria (2 Corintios 3:18).
> Y que vamos en aumento más y más iluminados (Proverbios 4:18).

En Ezequiel 47:1-5, Ezequiel tuvo una experiencia profética en el río de Dios. Él entró en el agua y tomó cuatro mediciones. En la primera medición tenía el agua al nivel de los tobillos, en la segunda hasta las rodillas, en la tercera hasta la cintura, y en la medición final tenía el agua sobre su cabeza. Esta es una imagen clara de la naturaleza del Reino de Dios; deberíamos ir progresando hasta llegar donde el nivel del río de Dios queda sobre nuestra cabeza.

Una de las profecías mesiánicas acerca de Jesús fue: *"Se extenderán su soberanía y su paz, y no tendrán fin..."* (Isaías 9:7). Jesús puso en movimiento un Reino que continúa progresando y estableciéndose más y más cada día.

Jesús lo dijo de esta manera:

> *Les contó otra parábola: "El reino de los cielos es como un grano de mostaza que un hombre sembró en su campo. Aunque es la más pequeña de todas las semillas, cuando crece es la más grande de las hortalizas y se convierte en árbol, de modo que vienen las aves y anidan en sus ramas".*
>
> —MATEO 13:31-32

Jesús también utilizó esta ilustración:

> *Les contó otra parábola más: "El reino de los cielos es como la levadura que una mujer tomó y mezcló en una gran cantidad de harina, hasta que fermentó toda la masa".*
>
> —MATEO 13:33

El Reino de Dios nunca está inactivo; está siempre en progreso y ganando territorio.

La naturaleza de la relación de Dios con nosotros

Algunas veces han dicho en la Iglesia que si Dios quiere que crezcamos, entonces Él hará todo el trabajo. Espero que nadie piense así conscientemente, pero por las acciones y estilo de vida de muchos, esto es declarado fuerte y claramente. Este acercamiento haragán del caminar cristiano está conectado con una visión extremadamente imprecisa de la soberanía de Dios. Encontramos un gran ejemplo en el que el Señor mismo corrige esta visión en la historia de Moisés.

> *"No tengan miedo —les respondió Moisés—. Mantengan sus posiciones, que hoy mismo serán testigos de la salvación que el Señor realizará en favor de ustedes. A esos egipcios que hoy ven, ¡jamás volverán a verlos!* ***Ustedes quédense quietos****, que* ***el Señor presentará batalla*** *por ustedes". Pero el Señor le dijo a Moisés: "¿Por qué clamas a mí? ¡Ordena a los israelitas* ***que se pongan en marcha****! Y tú, levanta tu vara, extiende tu brazo sobre el mar y divide las aguas, para que los israelitas lo crucen sobre terreno seco".*
>
> —Éxodo 14:13-16, *énfasis añadido por el autor*

Nuestro conocimiento de la soberanía del Dios determinará si progresamos con Él. El Señor reina sobre todo, pero nos ha dado la autoridad que desea que usemos para que podamos movernos hacia adelante en nuestro destino y nuestro llamado. Si nos sentamos y decimos que Dios se encargará de manejar todo, no entendemos la naturaleza de la relación que Él tiene con nosotros, y no nos podremos mover hacia adelante con el Señor. La Palabra dice que nos ha dado todo lo que necesitamos para vivir y para ser santos, y que debemos andar en nuestra salvación con temor y temblor. Necesitamos estar más hambrientos y sedientos por la justicia, buscar más, procurar el amor y los dones espirituales.

Principios del Antiguo Testamento

Aun antes de que Jesús estableciera el Reino de Dios en la Tierra en el Nuevo Testamento, en el Antiguo Testamento nos entregó una clave mayor de por qué el Reino sería de naturaleza progresiva:

> *Delante de ti enviaré avispas, para que ahuyenten a los heveos, cananeos e hititas. Sin embargo, no los desalojaré en un solo año,*

no sea que, al quedarse desolada la tierra, aumente el número de animales salvajes y te ataquen. Los desalojaré poco a poco, hasta que seas lo bastante fuerte para tomar posesión de la tierra.

—ÉXODO 23:28-30

Dios anhela una destrucción sistemática y progresiva del enemigo en la que nosotros intervenimos. Quiere caminar con nosotros mientras tomamos el territorio para Él en este mundo, centímetro por centímetro. El Señor dejó ciertos enemigos para que sus hijos luchen, para que sus pequeños crezcan y se desarrollen. Esta idea de Dios de no hacer todo el trabajo por nosotros y de desear que realmente nos involucremos, puede ser difícil para algunos, así que, miremos más profundo en La Palabra.

Las siguientes naciones son las que el SEÑOR dejó a salvo para poner a prueba a todos los israelitas que no habían participado en ninguna de las guerras de Canaán. ***Lo hizo solamente para que los descendientes de los israelitas, que no habían tenido experiencia en el campo de batalla, aprendieran a combatir****... Allí los dejó el SEÑOR para poner a prueba a los israelitas, a ver si obedecían sus mandamientos, que él había dado a sus antepasados por medio de Moisés.*

—JUECES 3:1-4, ÉNFASIS AÑADIDO POR EL AUTOR

Hay muchos lugares en La Palabra donde vemos que el Señor deja circunstancias difíciles para que sus hijos las atraviesen. No tiene la intención de desalentarnos ni derrotarnos; está preparado para la victoria. Pero no puedes tener una victoria sin una batalla. Piensa en las batallas del Antiguo Testamento, como Gedeón y sus 300 hombres que derrotaron a un enemigo mucho más numeroso (ver Jueces 7:1-25). Si Dios no hubiese dejado un enemigo, nunca habrían tenido semejante testimonio de victoria. Una vez más, después de que Josué y el pueblo marcharon alrededor de Jericó por siete días, los muros cayeron y los israelitas tuvieron otro testimonio de victoria (ver Josué

6:1-27). Si Dios hiciese todo el trabajo y destruyese a cada enemigo sin que participáramos, ¿qué valor le daríamos a esa victoria?

Antes de ser salvos, estábamos perdidos y sin ninguna capacidad para derrotar a Satanás. Jesús tuvo que arrebatarnos con su propio poder y perdonarnos, y entonces sentarnos con Él en los lugares celestiales. Pero esa es nuestra historia. Ahora estamos en el Reino y nuestro llamado es para trabajar con Él y juntos hacer que este progrese. Nunca dejes de buscar ni declares que ya lo tienes todo, porque Dios siempre desea darte más revelación, entendimiento y victoria.

Guerra espiritual

Debido a que soy vidente, la gente me pregunta muy seguido sobre la guerra espiritual. Mi conocimiento de este tema se desarrolla en torno a tres palabras: *identidad*, *autoridad* y *triunfo*.

En la vida de Jesús observamos un encuentro cara a cara con Satanás mismo. Muchos estarán de acuerdo en que este es el nivel más alto de guerra espiritual que un individuo podría tener. Si miras de cerca el plan de guerra del maligno, se pasó el tiempo enfocándose en la identidad de Jesús. Satanás le dice dos veces: *"Si eres el Hijo de Dios..."* (Mateo 4:3,6). La batalla transcurrió en torno a que Jesús estaba seguro de su identidad. Esto también es verdad con nosotros. Mucha de la llamada "guerra espiritual" sería más saludable si la Iglesia se aferrara firmemente de su identidad en Cristo.

Autoridad

La autoridad que nos ha sido dada como creyentes se encuentra contenida en nuestra identidad. El hecho es que hemos sido puestos en Cristo. *"Puesto que en él vivimos, nos movemos y existimos"* (Hechos 17:28). *"Permanezcan en mí, y yo permaneceré en ustedes"* (Juan 15:4). *"Nos hizo sentar con él en las regiones celestiales"* (Efesios 2:6). *"El que está en ustedes es más poderoso que el que está en el mundo"* (1 Juan 4:4). *"En todo esto somos más que vencedores por medio de aquel que nos amó"* (Romanos 8:37). Verdaderamente, los cristianos deberíamos ser capaces de decir: *"Todo lo puedo en Cristo que me fortalece"* (Filipenses 4:13). La Palabra nos dice que somos un espíritu con Él (1 Corintios 6:16). Por lo tanto, la autoridad que vemos en la vida de Jesús es la autoridad que nos ha sido dada. Él nos dio las llaves del Reino de los cielos (Mateo 16:19).

No hay duda de que tenemos autoridad mientras comprendamos nuestra identidad. Si entendemos que permanecemos en Cristo, lo que significa que permanecemos en su autoridad, entonces nuestra guerra espiritual es muy diferente. No estamos luchando *por* la victoria, estamos luchando *desde* la victoria. Jesús ya luchó y ganó la batalla contra Satanás, y ahora Él nos puso dentro de sí mismo para que podamos caminar en la misma victoria. Si no vives en Cristo, no has recibido la vida eterna; la única forma de tener vida eterna es estar *en* el Hijo.

"Y el testimonio es este: que Dios nos ha dado vida eterna, y esa vida está en su Hijo. El que tiene al Hijo, tiene la vida; el que no tiene al Hijo de Dios, no tiene la vida" (1 Juan 5:11-12).

Triunfo

Es importante entender la diferencia entre dos palabras específicas: *victoria* y *triunfo*. Por ejemplo, en un partido de fútbol, cuando llega el final del juego, el equipo con la mayor cantidad de goles gana y el equipo ganador logra la victoria. El triunfo es lo que toma lugar después de que la victoria fue alcanzada. Es la celebración en las calles, los bares y los lugares de trabajo. El triunfo es saltar arriba y abajo, gritar y esa desagradable pero grandiosa jactancia, que ocurre frente al oponente vencido. Ya no peleamos una batalla contra Satanás y no vamos en busca una victoria; hacemos cumplir y revelamos la victoria que ya es nuestra; triunfamos en nuestro Rey Jesús. "...

Gracias a Dios que en Cristo siempre nos lleva triunfantes..." (2 Corintios 2:14).

Sabemos que Satanás desea que la Iglesia piense que lucha contra él, porque no quiere que entienda que ya fue derrotado. Actualmente estamos en la Tierra como embajadores (2 Corintios 5:20; Efesiso 6:19-20) para imponer y aplicar la victoria de Jesús.

> *Por tanto, ya que ellos son de carne y hueso, él también compartió esa naturaleza humana* ***para anular, mediante la muerte, al que tiene el dominio de la muerte, es decir, al diablo****, y librar a todos los que por temor a la muerte estaban sometidos a esclavitud durante toda la vida.*
>
> —Hebreos 2:14-15, *énfasis añadido por el autor*

> *Entonces vendrá el fin, cuando él entregue el reino a Dios el Padre, luego de destruir todo dominio, autoridad y poder. Porque* ***es necesario que Cristo reine hasta poner a todos sus enemigos debajo de sus pies****. El último enemigo que será destruido es la muerte.*
>
> —1 Corintios 15:24-26, *énfasis añadido por el autor*

> *Pero este sacerdote, después de ofrecer por los pecados un solo sacrificio para siempre, se sentó a la derecha de Dios,* ***en espera de que sus enemigos sean puestos por estrado de sus pies****. Porque con un solo sacrificio ha hecho perfectos para siempre a los que está santificando.*
>
> —Hebreos 10:12-14, *énfasis añadido por el autor*

Estos versículos muestran que a Satanás le ha sido quitado el poder y que el Reino de Jesús está avanzando y ubicando todas las obras del maligno bajo sus pies. Como dice en el libro de Romanos: *"Muy pronto el Dios de paz aplastará a Satanás bajo los pies de ustedes..."* (Romanos 16:20), Satanás ni siquiera puede levantarse y pelear frente a frente con nosotros porque está puesto debajo de los pies de Cristo y debajo de nuestros pies.

El apóstol Pablo escribió mucho, en el Nuevo Testamento, sobre el tema de la guerra espiritual. Sin embargo, debido a las diferencias culturales, hemos pasado por alto algunos de sus mejores pensamientos. Por ejemplo, nos perdimos mucho del significado del siguiente pasaje:

"Desarmó a los poderes y a las potestades, y por medio de Cristo los humilló en público al exhibirlos en su desfile triunfal" (Colosenses 2:15).

Cuando aquí Pablo usa la palabra *desarmó*, hace una metáfora de la cultura del primer siglo. El apóstol dice que Jesús desnudó por completo a Satanás de todo su poder y autoridad. Era un término utilizado para el desarme de un enemigo derrotado. Cuando un general romano tenía una victoria notoria, se le permitía marchar con sus ejércitos por las calles de Roma. Detrás de su carro venían todos los reyes y líderes que había vencido. Eran desarmados, desnudados, encadenados y arrastrados por el carro del general conquistador en las calles. Eran públicamente humillados y abiertamente marcados como su botín.

Pablo piensa en Jesús como un conquistador que disfruta de algún tipo de triunfo cósmico. En la procesión triunfal del Señor están todos los poderes del maligno, que fueron derrotados por siempre, para que todos puedan ver. Y nosotros fuimos puestos en Él, de modo que estamos en el carro con Jesús, Satanás ahora se encuentra desnudo y sin poder. La respuesta a todas las preguntas sobre guerra espiritual vuelven a esto: el triunfo es el fundamento de mi teología.

Activación

Prepara un plan para integrar hábitos devotos para crecimiento. Comienza con lo que has aprendido aquí y luego expándelo a partir de allí. Este es sólo el principio.

Entra en adoración en espíritu y verdad.
Contempla regularmente a Jesús.

Procura la impartición.
Mantén limpios tus ojos espirituales.
Escribe una carta de Jesús para ti mismo.
Reconoce el amor derramado en tu corazón.
Pídele al Señor que comparta secretos contigo.

Practica las cuatro llaves:

1. Ayuno y oración.
2. Orar en el Espíritu.
3. Escuchar esperando oír la palabra profética de Dios.
4. Comunión con personas de fe.

Declárale al Señor:

1. *Jesús, te buscaré sin importar nada más.*
2. *Superaré la ofensa y la desilusión para seguirte.*
3. *Te seguiré, lleno de fe.*

Cinco meditaciones:

1. Meditar en las cosas buenas.
2. Meditar en La Palabra de Dios.
3. Meditar en las palabras proféticas.
4. Meditar en el Señor mismo.
5. Meditar en las obras de Dios.

Conclusión

RECIENTEMENTE LEÍ UN LIBRO del tipo "los dones espirituales para tontos". Cuando miré el índice, vi que en la lista había un capítulo para cada uno de los nueve dones. El discernimiento y la profecía estaban agrupados en un solo capítulo. Hojeé las 20 páginas de este capítulo combinado y encontré que las primeras 18 páginas trataban sólo sobre profecía, y las últimas 2 páginas eran acerca del discernimiento de espíritus. En este libro fundamental de 165 páginas, había solo 2 páginas sobre este abandonado don del Espíritu. En esas 2 páginas aparecían al menos 5 declaraciones sin compromiso acerca de lo que "podría ser", "posiblemente sería" o "quizás podría ser" este don. Ni siquiera el autor estaba seguro de lo que es.

Luego realicé una búsqueda online de los ministerios de discernimiento. Los primeros diez resultados de la búsqueda en Google ofrecían los sitios Web más críticos, rigurosos y anti Espíritu Santo. Llenos de odio y levantando falso testimonio, estos sitios ofrecen un discernimiento que proviene de la carne y no del don sobrenatural del Espíritu Santo. Digo todo esto para reforzar lo dicho en este libro, que el discernimiento de espíritus necesita desesperadamente ser restaurado a la Iglesia moderna.

De los nueve dones del Espíritu Santo, ocho ya han tenido su proceso para lograr ser restaurados (Hechos 3:21) en un lugar de prominencia en la Iglesia. Déjame explicarlo.

Los dones de lenguas e interpretación de lenguas pasaron por un proceso para llegar a ser restaurados a la Iglesia a comienzos de 1906, en el avivamiento de la calle Azusa. Desde entonces, ambos dones han ganado normalidad en muchas denominaciones. El don de sanidad y la palabra de conocimiento fueron restaurados por medio del movimiento *Voice of Healing* [Voz de sanidad], en 1948. Después de esto, el don de fe fue vuelto a traer a la Iglesia por maravillosos maestros como Kenneth Hagin, Kenneth Copeland y el movimiento *Word of Faith* [Palabra de fe]. Los dones de profecía y palabra de ciencia fueron restaurados por el ministerio cristiano internacional *Kansas City Prophets* [Profetas de la ciudad de Kansas] y el movimiento *Vineyard* [de La Viña) en los años 80's.

Los únicos dos dones que aún no han sido completamente restaurados son el don de hacer milagros y el de discernimiento de espíritus. Creo que el don de hacer milagros ha comenzado a ser restaurado a mediados de los 90's. Pensemos en la vasta cantidad de milagros que han sucedido en ministerios como los de Heidi Baker, David Hogan, Bill Johnson, Randy Clark y muchos otros. Fueron miles y miles de sanidades físicas milagrosas que tuvieron lugar alrededor del mundo. Además, hubo cientos de personas que fueron levantadas de la muerte en los últimos 15 años. Creo que estamos en presencia de la restauración al Cuerpo de Cristo del don de hacer milagros. Consideremos la inexplicable manifestación de la gloria de Dios, como polvo de oro, maná del cielo, piedras preciosas del cielo y plumas que caen en las reuniones, miembros del cuerpo que crecen en el acto, pérdida de peso instantánea y más.

Precursores

Cada don que ha pasado por la etapa de restauración, tuvo un grupo de personas que trabajaban para restaurarlo. Ya sean profetas, apóstoles, sanadores, maestros o evangelistas, Dios siempre levanta precursores antes de iniciar la restauración. Actualmente, Él preparó en la Iglesia a aquellos con el don espiritual como videntes para entrenar a otros en el don de discernimiento de espíritus. Debido a que es su don principal, en este próximo movimiento del Espíritu Santo, Dios utilizará a los videntes para enseñarle al resto del Cuerpo de Cristo cómo operar en el don de discernimiento de espíritus. Prepárate para escuchar más acerca de los videntes en los años por venir.

¿Por qué el discernimiento es el último?

Creo que el don de discernimiento de espíritus es decididamente el último don en la agenda de Dios para ser restaurado a la Iglesia. Permíteme dar un fundamento de por qué hago tal declaración.

Primero, sabemos que estamos esperando el día en que la Iglesia llegue *"a la unidad de la fe"* (Efesios 4:13). El día llegará en que ella sea levantada en unidad y gloria a la completa estatura de Jesucristo.

Segundo, Jesús oró para que nosotros (la Iglesia) seamos uno, como Él y el Padre son uno (ver Juan 17:21). Creo que la oración de Jesús será respondida. La Iglesia caminará en la misma unidad en la que andan el Hijo y el Padre.

Tercero, y más importante, para que la verdadera unidad sea restaurada a la Iglesia de los últimos días, tiene que haber una renovación del amor de Dios en el Cuerpo de Cristo.

Estos versículos apuntan a un día de unidad y amor en la Iglesia como nunca hemos visto aún. Recuerda que una de las definiciones que vimos del discernimiento de espíritus es "ver la situación y las personas a tu alrededor como si las estuvieses mirando con los ojos de Jesús". Necesitamos tener este don restaurado para poder ver a los otros de forma apropiada a través de los ojos de puro amor de Jesús. Antes de que la verdadera unidad sea manifestada debe ser restaurado el verdadero amor entre hermanos. No solo necesitamos tener este don en su lugar para ese día que vendrá, sino que, además, es el último de los nueve dones que necesita restauración.

Amor y discernimiento

Como aprendimos en este libro, el discernimiento de espíritus está siempre de la mano del amor. Creo que la restitución de este don es el puente final para el movimiento de amor y unidad de la Iglesia.

> *"Y esto pido en oración, que vuestro **amor** abunde aun más y más en ciencia y en todo **conocimiento**".*
>
> —FILIPENSES 1:9, RVR60, *énfasis añadido por el autor*

La revelación es esta: "Cuando el Cuerpo de Cristo vea a través de los ojos del amor (discernimiento), entonces estaremos caminando en el verdadero amor y unidad". El amor y el discernimiento están irrevocablemente vinculados.

Aquí está la progresión espiritual que debemos buscar en las próximas décadas:

1. Los videntes serán establecidos por Dios en la Iglesia.
2. Los videntes enseñarán y entrenarán a la Iglesia acerca del discernimiento de espíritus.
3. En la Iglesia, entonces, comenzarán a verse unos a otros por medio de los ojos de Jesús.
4. Esto traerá un movimiento sin precedentes de un amor como el de Dios.
5. El verdadero amor que es igual al de Dios traerá un movimiento de unidad como la de Dios.
6. La *"unidad de la fe"* (Efesios 4:13) será alcanzada, y que *"todos sean uno"* (ver Juan 17:21) como Él y el Padre son uno, también será cumplido.
7. Esto completa una de las profecías finales que deben ser cumplidas antes de que Jesús pueda traer el cielo nuevo y la Tierra nueva (ver Apocalipsis 22).

Una palabra del Señor

Voy a concluir con una declaración que creo que viene del Señor, acerca de los próximos movimientos del Espíritu Santo:

> El don de discernimiento de espíritus será el próximo don que se restaurará a la Iglesia. Cuando en el Pueblo del Señor se vean unos a otros a través de los ojos de Jesús, una gran unidad llegará a ellos. El quiebre de las divisiones y muros denominacionales continuará en aumento. Hermanos y hermanas en toda la Iglesia se unirán como un Cuerpo más que nunca antes. Entonces el corazón de amor del Señor se expresará por completo por medio de su Novia, su Pueblo, su Iglesia.[27]

27. Jonathan Welton, 20 de octubre de 2008.

Made in United States
North Haven, CT
24 April 2025